THE COFFEE DICTIONARY
커피 딕셔너리

First published in Great Britain in 2017 by Mitchell Beazley,
a division of Octopus Publishing Group Ltd.
Carmelite House, 50 Victoria Embankment, London EC4Y 0DZ, England.
Text copyright © Maxwell Colonna-Dashwood 2017
Illustrations copyright © Tom Jay 2017
Design and layout copyright © Octopus Publishing Group 2017
All rights reserved.
Maxwell Colonna-Dashwood asserts the moral right to be
identified as the author of this work.
이 책의 한국어판 저작권은 Agency One을 통해 Octopus Publishing Group Ltd.와
독점 계약한 북커스에 있습니다. 저작권법에 의해 한국 내에서
보호를 받는 저작물이므로 무단전재 및 복제를 금합니다.

THE COFFEE DICTIONARY

커피 딕셔너리

바리스타 챔피언
맥스웰 콜로나-대시우드

사단법인 한국커피협회 감수

all about coffee, A to Z

BOOKERS

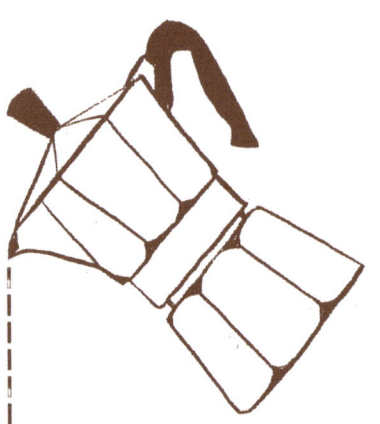

Prologue

커피와 사랑에 빠지는 방법은 두 가지다. 먼저, 어린 시절부터 커피를 즐겨 마시며 시간이 흐를수록 커피와의 관계를 더욱 돈독히 하고 커피의 맛과 문화적 잠재력에 깊이 빠져드는 것이다. 반대로, 어떤 이는 커피에 조금도 관심이 없이 살다가 어느 날 마신 한 잔의 커피가 모든 것을 뒤흔들어버리는 계시와도 같은 경험을 한다. 이 혼란스럽지만 짜릿한 경험을 한 사람은 곧장 커피에 빠져드는 것이다.

내가 바로 두 번째 부류였다. 나는 커피에 거의 관심이 없었다. 내 첫 번째 직업은 초상화나 일러스트를 그리는 것이었다. 다른 많은 예술가들처럼 부업으로 여러 서비스직에 종사했는데, 점차 나의 진짜 열정은 그 부업에 있다는 것을 깨달았다. 이후 배우자를 만났고, 우리는 함께 여행을 떠났다. 인도에서 6개월을 보낸 후 취업비자를 발급받아 호주 멜버른에 도착했다.

그 당시 (우리는 아직 몰랐지만) 멜버른은 역동적인 카페 신scene과 함께 인상적인 커피 문화가 공존하는 곳이었다. 시내 카페에 취업을 했고 머지않아 단골들과 커피에 관한 이야기를 나누게 되었다. 커피 이야기를 먼저 건넨 것은 단골들이었고, 이제 와서 솔직히 말하자면 무척이나 난감했었다. 라떼 아트를 배우는 일은 즐거운 도전이었지만, 커피가 매우 복합적인 식도

락 문화를 지녔다는 사실을 인지하지는 못했다.

그러던 어느 날 단골 한 명이 점심시간을 빌어 근처에 있는 브라더 바바 부단Brother Baba Bhudan이라는 작은 카페에 들러볼 것을 권했고, 곧장 그곳으로 향했다. 다리에 커피나무 모양의 타투를 한 여자가 싱글오리진 커피를 맛보겠냐고 물어왔다. 그는 이 커피가 케냐에서 왔고, 딸기와 바닐라향이 난다고 설명했다. 솔직히 제대로 이해하지 못했다. 커피에 대해 잘 몰랐기 때문이다. 케냐산 커피가 무슨 의미를 가지는지(다른 곳에서 온 커피와 무엇이 다르다는 건가?) 그 향미의 특징을 분간할 수도 없었다.

이런 저런 생각들을 하면서 카페 밖으로 나와 에스프레소를 한 모금 마셨다. 바로 그 순간, 앞서 언급했던 계시의 순간이 찾아왔다. 이 작은 음료가 얼마나 굉장했던지 그 상황을 나는 도무지 믿을 수가 없었다. 그 경험은 커피와 커피의 잠재력을 바라보는 나의 시각을 즉각 바꾸어놓았다. 커피의 특징적인 향미를 이해했을 뿐만 아니라, 그것이 평생 맛본 중 가장 훌륭한 것이라고 생각했다. 그 맛을 즐겼다고 표현하는 것은 지나치게 축소된 표현이리라. 머릿속에 온갖 생각이 미친 듯이 떠올랐다. '커피의 진정한 맛을 대체 왜 이제서야 발견한 거지?' 아내 역시 흥분으로 벅차올랐다. 곧바로 커피를 업으로 삼겠다고 결심하고 다음날 바로 직업을 바꾸었다. 그리고 오늘날까지 이어지는, 커피를 이해하고 추구하려는 끝없는 여정을 시작했다. 우리는 멜버른에서의 시간을 커피 로스터리 매장과 카페를 방문하고 바리스타 챔피언들의 강좌를 듣는 데 보냈다.

영국으로 돌아온 우리는 이벤트 기획 회사를 설립했고, 낯선 도시로 옮겨 가게를 냈으며, 커피 경연의 세계로 빠져들었다. 과학자나 에스프레소 머신 개발자들과도 협업하면서 계속해서 커피를 공부했다. 커피의 세계는 토끼굴과 같아서 정말이지 심오하다.

내게 있어 커피는 끝없이 환상적이고 매력적이며 보람이 있는 세계다. 커피는 수많은 사람들에게 다양한 의미를 가지리라. 이 멋진 음료는 맛, 호기심, 역사, 그리고 셀 수 없이 많은 이야기로 가득하다. 이 사전을 통해 당신과 함께 커피의 세계를 탐구하고 발견할 생각에 가슴이 뛴다.

맥스웰 콜로나 – 대시우드

Dear,
Korean Coffee Lovers

호주 멜버른에서 커피와 사랑에 빠진 나는 재빨리 전 세계의 커피 문화를 탐구하기 시작했고, 곧이어 한국의 커피에 대한 열정을 발견할 수 있었다. 그 어떤 나라보다 많은 수의 큐그레이더(189쪽 참고)를 보유하고 있는 나라가 아니던가! 큐그레이더 자격증(커피의 품질을 평가하는 가장 깊이 있고 전문적인 자격증)의 인기는 커피에 대한 관심과 탐닉을 보여주는 아주 좋은 예다. 아무리 커피를 즐겨 마시는 문화가 있었다고 한들, 2000년대 중반부터 현재까지, 커피숍이 기하급수적으로 늘어난 것은 정말이지 놀라운 일이다.

서울에서 월드바리스타챔피언십이 열렸을 때 한국을 방문한 적이 있다. 한국의 커피 문화를 직접 눈으로 보고 탐구할 수 있다는 사실에 무척이나 설렜다. 본격적인 커피 투어를 시작하면서, 나는 대다수의 카페가 성능 면에서나 디자인 면에나 아주 훌륭한 장비를 갖추고 있다는 사실에 놀라지 않을 수 없었다. '콜드브루'라는 새로운 트렌드도 발 빠르게 받아들였는데, 그 인기는 곧 도시 전체로 퍼져 나갔다.

전 세계의 모든 나라가 그러하듯, 커피가 있는 곳에는 나름의 커피 문화가 있다. 커피는 그 어떤 것보다 세계적이지만 지역적이기도 하다. 지역마다 커피를 즐기고 소비하는 방식에 있어 차이가 있기 때문이다. 모든 커피 문화가 그들만의 이야기를 지닌다.

내게는 오랜 시간 런던에서 커피를 업으로 삼았던 한국인 친구가 있다. 나는 그 친구가 들려준 에피소드에 흥미를 느꼈는데, 자초지종을 이야기하자면 이렇다. 그는 서울로 돌아가서 도매 전문 로스터리를 열었다. 처음에는 그 동안 해왔던 대로 카페와 레스토랑에 커피 원두를 납품하는 데 집중했다. 그런데 이러한 시스템은 한국에서는 흔치 않은 사례였다. 가게 안에 소규모 로스터를 두고 카페 고유의 신선한 커피를 만드는 커피숍이 인기였기 때문이다. 그래서 친구는 계획을 전면 수정했다. 고급 원두인 게이샤 커피를 내려주는, 전문성을 한 차원 끌어올린 커피숍으로 탈바꿈한 것이다. 한국인들은 비교적 산미가 적고 약간은 진한 에스프레소를 선호하는 편으로, 다양한 추출 방법으로 내린 커피는 언제나 인기다.

멜버른에서의 시간은 커피에 대한 나의 열정에 불을 붙였고, 커피의 길을 걷게 했다. 하지만 만약 내가 한국에서 커피를 경험했더라면, 그랬더라면 내 커피 여정은 훨씬 더 수월했을지도 모르겠다.

마지막으로, 한국 독자 여러분들의 커피에 대한 관심과 커피 세계에 기여한 공헌에 감사를 드리고 싶다. 이 책이 당신에게 작은 즐거움이 되기를 바라며 조심스레 건네본다. 이 책을 통해 나와 함께 커피 세계를 탐구해보지 않겠는가?

맥스웰 콜로나 – 대시우드

Contents

5	Prologue
8	Dear, Korean Coffee Lovers

19	**A (Acidity - Arabica)**
19	Acidity 산미
19	Aeropress 에어로프레스
21	Agitate 교반
21	Agronomy 경종학
22	Agtron scale 애그트론 스케일
24	Altitude 해발고도
24	Arabica 아라비카

29	**B (Barista - Buffer)**
29	Barista 바리스타
29	Basket 바스켓
30	Bean to cup 빈투컵
33	Bicarbonate 중탄산염
33	Blending 블렌딩
34	Bloom 블룸
37	Blossom 꽃
37	Body 바디
38	Bolivia 볼리비아
38	Boston Tea Party 보스턴 차 사건
41	Bourbon 버번
41	Brazil 브라질
42	Brew ratio 추출비율
44	Brix 당도
45	Buffer 완충제

47	**C (C market - Cupping)**
47	C market C마켓
47	Cafetière 카페티에르
49	Caffeine 카페인
49	Cappuccino 카푸치노
50	Capsules 캡슐 커피
53	Carbonic maceration 탄산가스 침용
54	Cartridge filter 카트리지 필터
54	Cascara 카스카라
57	Castillo 카스티요
58	Channelling 채널링
61	Chemex™ 케멕스
61	China 중국
62	Clean 클린

62	Climate change 기후 변화
65	CO$_2$ 이산화탄소
65	Coffee futures market 커피 선물시장
65	Cold brew 콜드브루
66	Colombia 콜롬비아
69	Constantinople 콘스탄티노플
69	Costa Rica 코스타리카
69	Crema 크레마
70	Cup of Excellence 컵오브엑설런스
71	Cupping 커핑

73   D (Decaf - Dry distillates)

73	Decaf 디카페인
73	Defects 결점두
74	Democratic Republic of Congo 콩고민주공화국
77	Density Table 밀도분류
77	Development 디벨로프
78	Dose 도즈
78	Drum roaster 드럼 로스터
81	Dry aroma 드라이 아로마
81	Dry distillates 드라이 디스틸레이트

83   E (Ecuador - Extraction)

83	Ecuador 에콰도르
83	El Salvador 엘살바도르
85	Espresso 에스프레소
86	Ethiopia 에티오피아
89	Eugenioides 유게니오이데스
90	Europe 유럽
90	Evenness 균일함
92	Extraction 추출

95   F (Fair trade - Full immersion)

95	Fair trade 공정무역
96	Fermentation 발효
96	*Fika* 피카
96	Filter 필터
99	Fines 미세분
99	First crack 1차 크랙
99	Flat burr 플랫 버
100	Flat white 플랫화이트
103	Flavor notes 플레이버 노트
103	Flow rate 추출 속도

104	Flower 꽃
104	Freezing 냉동
107	French press 프렌치프레스
109	Fresh crop 프레시 크롭
109	Full immersion 완전 침지식

111　G (Gear - Gustatory)

111	Gear 장비
111	Geisha 게이샤
112	God shot 신의 한 샷
115	Green 생두
115	Grinding 그라인딩
116	Grooming 그루밍
119	Guatemala 과테말라
119	Gustatory 미각

123　H (Hawaii - Honey process)

123	Hawaii 하와이
123	Heat exchanger 열교환기
124	Honduras 온두라스
124	Honey process 허니 프로세스

129　I (Ibrik coffee - Italy)

129	Ibrik coffee 이브릭 커피
129	Importing 수입
130	Independent coffee shops 독립커피숍
130	India 인도
132	Indonesia 인도네시아
135	Instant coffee 인스턴트커피
136	International Coffee Organization 국제커피기구
136	Invention 발명
137	Italy 이탈리아

139　J (Jamaican Blue Mountain - Japan)

139	Jamaican Blue Mountain 자메이카 블루 마운틴
139	Japan 일본

141　K (Kaldi - Kopi Luwak)

141	Kaldi 칼디
141	Kenya 케냐
142	Kopi Luwak 코피 루왁

145	**L (Latte art - Lloyd's of London)**
145	Latte art 라떼 아트
146	Le Nez du Café® 르네뒤카페
146	Leaf rust 녹병
148	Lever machine 레버 머신
150	Lloyd's of London 런던 로이즈

151	**M (Maillard reaction - Multi boiler)**
151	Maillard reaction 마이야르 반응
151	Mechanical drying 기계식 건조
152	Melbourne 멜버른
155	Mexico 멕시코
155	Moka pot 모카포트
157	Mucilage 점액질
157	Multi boiler 멀티보일러

161	**N (Naked shot - Nutate)**
161	Naked shot 네이키드 샷
162	Natural process 내추럴 가공
165	Nicaragua 니카라과
165	Nordic 노르딕
167	Nutate 뉴테이트

169	**O (Old Brown Java - Oxidation)**
169	Old Brown Java 올드 브라운 자바
169	Olfactory 후각
170	Oliver table 올리버 테이블
170	One—way valve 원웨이 밸브
172	Origin 산지
173	Oxidation 산화

175	**P (Pacamara - Producing)**
175	Pacamara 파카마라
175	Panama 파나마
177	Paper 페이퍼
177	Papua New Guinea 파퓨아뉴기니
178	Parabolic 파라볼릭
178	Past crop 패스트 크롭
181	Peaberry 피베리
181	Peru 페루
182	Phosphoric acid 인산
182	Plunger 플런저

182	Portafilter 포터필터
185	Pour-over 푸어오버
185	Pressure 압력
186	Producing 생산

189   Q (Q Grader - Quaker)

189	Q Grader 큐그레이더
189	Quaker 퀘이커

191   R (Radiation - Rwanda)

191	Radiation 복사
192	Raised beds 테이블 건조
192	Rate of rise 분당 온도 상승률
195	Refractometer 굴절계
195	Resting 레스팅
196	Reverse osmosis 역삼투
196	Ripe 성숙
199	Robusta 로부스타
199	Roller grinder 롤러 그라인더
200	Rwanda 르완다

203   S (Sensory science - Syphon)

203	Sensory science 감각 과학
204	Signature drinks 시그니처 음료
204	Silver skin 은피
207	Single origin 싱글 오리진
207	Slow brew 슬로-브루
207	Soil 흙
208	South Korea 대한민국
208	Species 종
211	Spittoon 타구
212	Steaming 스팀
212	Strength 농도
215	Sudan Rume 수단 루메
216	Sugar 설탕
216	Super taster test 슈퍼 테이스터 테스트
218	Sustainability 지속가능성
218	Syphon 사이펀

219   T (Tamping - Typica)

219	Tamping 탬핑
219	Temperature 온도

220	*Terroir* 테루아
223	Thermodynamics 열역학
223	Third place 제3의 장소/서드플레이스
224	Third wave 제3의 물결/서드웨이브
227	Turkish coffee 터키식 커피
227	Typica 티피카

229 U (Umami - United States of America)

229	Umami 감칠맛
230	United States of America 미국

233 V (V60 - Volumetrics)

233	V60
233	Vacuum pot 진공 포트
234	Variety 품종
237	Vietnam 베트남
237	Volatiles 휘발성 물질
238	Volumetrics 용적 측정

241 W (Washed process - World Barista Championship)

241	Washed process 워시드 가공
242	Water 물
245	Weighing scales 저울
245	World Barista Championship 월드바리스타챔피언십

249 X (Coffee X)

249	Coffee X 커피엑스

251 Y (Yemen - Yield)

251	Yemen 예멘
251	Yield 추출량

253 Z (Zambia)

253	Zambia 잠비아

254	**Index** (가나다 순)
260	**Acknowledgements**

→ Phosphoric acid, 182쪽

Acidity 산미

TASTING

산미는 흔히 '상큼하다'고 긍정적으로 표현되기도 하고, '시큼하다'고 부정적으로 묘사되기도 한다. 그게 바로 산미의 특징이다. 산미는 멋진 커피를 위해 빠져서는 안 될 요소이지만, 매우 포괄적인 개념이기도 하다. 맛과 관련해서는 좋은 산과 나쁜 산이 있고, 화학적으로 보았을 때 산도가 높긴 하지만 신맛을 내지 않는 화합물도 있다. 커피에서 산미를 내는 요소는 여러 가지가 있지만, 일단 커피는 pH5 정도로 pH2인 와인에 비하면 약산성의 음료이다. 높은 고도에서 재배된 커피가 대체로 더 체계적이고, 복합적이며, 긍정적인 산미를 갖는다. 때때로 산미가 없는 커피는 밍밍하거나 지루하다고 묘사되기도 한다. '밝은' 커피는 입 안에서 산뜻하고 안정적인 느낌을 낸다. 우리가 단맛이라고 느끼는 것도 흔히 산미로부터 비롯되거나 산미에 의해서 증폭될 수 있다.

→ Brew ratio, 42쪽
→ Strength, 212쪽

Aeropress 에어로프레스

BREWING

에어로프레스는 에어로비사의 첨단기술에 영감을 받아 탄생했다. 에어로비사의 대표이자 발명가인 앨런 아들러가 고안했다. 에어로비사는 원래 원반을 만들던 회사로 멀리던지기에서 몇 개의 세계 신기록을 가지고 있었는데, 이 원반을 활용해 완

벽한 브루잉을 위한 도구를 개발했다. 주사기 실린더와 유사한 에어로프레스의 추출 체임버에 분쇄 원두와 물을 넣는다. 사용자가 펌프를 눌러 압력을 가하면 맞춤 사이즈의 페이퍼 필터를 끼운, 여러 개의 구멍이 뚫린 뚜껑을 통해 우러난 커피가 흘러나온다(금속제 필터로 시판되고 있다). 에어로프레스를 사용하면 커피를 내릴 때 보다 다양한 시도를 할 수 있다. 사용자가 가하는 압력은 (중력기반의 필터 방식으로 내리는 것보다) 커피 가루와 우러난 커피를 더욱 세밀하게 분리시키는데, 이는 커피 가루와 농도를 원하는 대로 선택할 수 있도록 한다. 진한 커피를 우릴 수도 있고, 반대로 연하고 우아한 커피를 내리는 것도 가능하다. 세계 에어로프레스 챔피언십이라는 대회가 있을 정도인데, 이 글을 쓰는 현재 기준으로 51개국에서 참가자가 모여든다.

→ Extraction, 92쪽
→ French press, 107쪽

Agitate 교반   BREWING

교반이란 기본적으로 커피를 내릴 때 어떤 방식으로든 물과 커피 가루를 섞는 행위이다. 이를 통해 커피 가루에 물이 더 쉽게 스며들 수 있도록 만든다. 교반은 추출 정도를 높이는데, 따라서 프렌치 프레스와 같이 커피 가루가 침전되어 물과 잘 섞이지 않는 추출 기법에 있어 요긴하다. 교반에는 몇 가지 방법이 있는데, 스틱으로 휘저을 수도 있고 기구를 살짝 흔들어줄 수도 있다.

→ Terroir, 220쪽

Agronomy 경종학   GROWING

경종학(혹은 농경학)은 '밭의 법률'이라는 뜻의 그리스어에서 유래했으며, 작물 재배와 토양 관리를 연구하는 학문이다. 경종학에 대한 이해는 한 농장의 운명을 바꿔놓을 수도 있다. 어떤 농장은 자체적으로 전문 경종학자를 두기도 한다. 주기적으로 프리랜서 경종학자를 고용해 조언을 구하는 경우도 있는데, 후자라고 해서 효과가 덜한 것은 아니다.

경종학에 대한 이해는 커피 농장을 관리하고 유지하는 데 도움을 준다. 오늘날 많은 커피 농장은 여러 개의 소규모 밭으로 분할되어 개별적으로 관리된다. 햇빛, 기후, 토양의 작은 변화도 커피 작물의 생장과 커피 열매의 질에 커다란 영향을 끼칠 수 있다. 물론 날씨나 기후는 농부가 통제할 수 없는 영역이지만 그러한 변화에 맞춰 적응하는 것은 충분히 통제 가능하다. 요컨대 물 공급을 조절하거나 수확시기를 조정하여 기후나 날씨 변화에 적절하게 대처하는 것이다.

→ Maillard reaction, 151쪽

Agtron scale 애그트론 스케일   ROASTING

사람들이 로스팅된 원두의 색깔에 대해 논하는 것을 들어보았는가. 여기서 이야기하는 원두의 색깔은 일반적인 색채가 아니라(주황색이나 보라색 로스트는 없다!), 밝고 어두운 정도를 일컫는다. 애그트론 스케일은 커피 명도에 대한 기준점으로, 이를 측정하는 색도계는 꽤나 비싼 편이다. 기본적으로 로스팅된 원두가 빛을 반사하는 정도를 측정하는데, 다크 로스트 원두는 빛을 많이 흡수하여 낮은 측정값을 보이고, 라이트 로스트 원두는 높은 측정값을 보인다(흰 셔츠가 햇빛을 반사하는 반면, 검은 셔츠는 빛을 흡수하는 것을 떠올려보라). 애그트론 스케일을 표현하는 용어는 여럿 있는데, 예를 들면 라이트 시티 로스트light city roast나 프렌치 로스트French roast 등이다. 그러나 원두의 색깔은 로스팅을 평가하는 요소 중 하나에 불과하며, 품종이나 가공법에 따라 다양한 방식으로 로스팅된 원두들이 동일한 색깔을 보이기도 한다.

→ Arabica, 24쪽
→ Species, 208쪽
→ *Terroir*, 220쪽

Altitude 해발고도　　　　　　　　　　　　　　ORIGIN

대체로 산지의 고도가 높을수록 좋다고 이야기한다. 그러나 — 이 '그러나'를 명심하자 — 이게 절대적인 법칙은 아니다. 커피에 대한 모든 것이 그렇듯이 고도 문제는 보기보다 복잡하다. 고급원두라 알려진 아라비카는 일반적으로 해발 1,000미터 이상의 고지대에서 재배되며, 해발 2,500미터 혹은 그보다 높은 곳에서 재배되기도 한다. 상대적으로 인기가 덜한 로부스타는 해수면과 해발고도 1,000미터 사이에서 재배된다. 높은 고도에서는 기후가 서늘하므로 커피 열매가 성숙되는 기간도 길어지고, 따라서 맛도 좋아진다는 것이 일반론이다. 하지만 너무 추워도 커피나무가 잘 자라지 않는다. 이것이 커피를 보통 열대지방에서 키우는 이유이다. 커피의 품질을 결정하는 요소는 고도 외에도 토양, 기후, 공정을 포함해 다양하다. 다만 해발고도 1,000미터 이하에서는 최고품질의 커피가 나지 않는다는 것이 정론이기는 하다. 그렇다고 해서 세계에서 가장 인기 있고 귀한 커피가 가장 높은 고도에서 재배된 것도 아니다. 이따금 고도가 낮은 지역의 국부적 기후가 고고도 기후와 흡사한 양태를 보여 비슷한 작물을 생산하기도 한다.

→ Cup of Excellence, 70쪽
→ Eugenioides, 89쪽
→ Species, 208쪽
→ *Terroir*, 220쪽

Arabica 아라비카　　　　　　　　　　　　　　SPECIES

커피 포장지에 '100% 아라비카'라고 적힌 것을 여기저기서 흔히 볼 수 있다. 보통 고품질이라는 의미로 적어놓은 것이다. 코페아 아라비카Coffea arabica는 세계에서 가장 많이 재배되는 커피 품종이다 — 코페아 로부스타Coffea robusta가 그 다음으로 많이 재배되는 품종이고, 코페아 리베리카Coffea liberica 등의 품종도 간혹 보인다. 전 세계의 고품질 커피나 우리가 흔히 '스페셜티 커피'라고 부르는 것들은 모두 아라비카 품종이거나 아주 가까운 친척이다. 포장지에 '100% 아라비카'가 세일즈 포인

트로 명시되어 있는 이유다. 그러나 아라비카 품종이라는 이유만으로 그 커피가 고품질이라고 할 수는 없다. 아라비카 원두라도 스페셜티 원두보다는 일반 커머셜 등급의 원두가 훨씬 더 많이 유통된다. 스페셜티 커피 시장에서 아라비카 원두의 사용은 너무나도 당연한 것이라, 스페셜티 커피 회사는 포장지에 단순히 '아라비카'만 적기보다 아라비카 중에서도 어떤 종류의 원두를 사용하고 있는지를 명시하는 경우가 많다.

아라비카 품종은 에티오피아 고원에서 유래했는데, 이 지역에는 오늘날까지도 유전적으로 다양한 아라비카 아종(亞種)들이 분포해있다. 아라비카 품종은 대단히 폭넓은 맛의 범위를 보이는데, 이는 수많은 아라비카 아종들이 각각의 특성과 여타 제반 자연조건들이 맞물리면서 서로 뚜렷하게 다른 향미를 빚어내기 때문이다. 커피의 친척뻘 작물인 코페아 유게니오이데스 Coffea eugenioides 항목에서도 언급하겠지만, 로부스타종은 아라비카의 조상격으로, 두 품종 사이의 교배도 흔히 이루어진다. 카티모르 원두와 같이 높은 수준의 로부스타 – 아라비카 교배종이 등장하기도 한다. 카티모르의 아종인 렘피라는 온두라스에서 널리 재배되는 품종이다. 최근 이 품종의 컵오브엑설런스 커피를 구매했는데, 복합적인 산미와 열대과일 특성이 느껴지는 훌륭한 커피였다.

→ Bean to cup, 30쪽
→ Espresso, 85쪽

Barista 바리스타

BREWING; ESPRESSO

이탈리아어인 바리스타를 직역하면 '바에 있는 사람'이다. 전 세계 커피 문화에서 이탈리아의 영향력이 매우 크다보니 '바리스타'라는 말이 오늘날 전문적인 커피 제조자를 일컫는 단어가 되었다. 근래 수십 년 동안 전 세계적으로 바리스타의 역할이 부각되기 시작했다. 바리스타 경연대회, 바리스타 개인의 브랜드 커피 상품, 카페나 레스토랑에서 바리스타의 역할이 보다 전문적으로 변화하고 중요해지는 것만 보아도 이를 알 수 있다. 바리스타를 양성하기 위해 다양한 교육 프로그램이나 자격증이 생겨나고 있지만, 아직까지 대부분은 카페 등에서 수습 과정을 거치며 직업 교육과 현장 경험을 쌓는다. 바리스타의 역할은 전통적으로 음료 제조와 서빙 등의 절차적 영역에 머물렀으나, 커피가 더욱 복잡해지고 커피에 관심을 갖고 관련 지식을 갖춘 소비자가 늘어나면서 바리스타의 영역도 소믈리에와 비슷하게 확대되고 있다. 커피 제조 과정에서 자동화 비중이 점차 늘어남에 따라, 언젠가는 바리스타의 직무 역시 소믈리에의 그것과 별반 다르지 않게 될지도 모르겠다.

→ Crema, 69쪽

Basket 바스켓

BREWING

에스프레소를 정의하는 것은 양, 형태, 밀도가 아니라, 바로 농도다. 한마디로 에스프레소는 진한 커피라고 할 수 있다. 덧붙이자면 강한 압력으로 추출되어 크레마가 형성되어야 에스프레소라고 할 수 있겠다. 에스프레소의 양은 사용되는 바스켓의 용량에 따라 결정된다. 그룹 핸들(샷 추출 시 잠겼다가 열렸다가를 반복하는 고정 부분)에는 다양한 크기의 바스켓을 끼울 수 있는데, 일반적으로 더블 샷을 내릴 때는 14~22g 정도가 적당하다. 각각의 바스켓은 정해진 양의 커피가 담기도록 제작된다. 말하자면 바스켓 안에는 물이 흘러나가기 전에 커피 가루 위에 살짝 고일 정도의 공간이 확보되어야 하고, 바스켓 하단에 뚫린 구멍은 적절한 정도의 저항력을 만들어내야 한다(커피의 양이 많을수록 저항도 크다). 따라서 바스켓 용량에 맞춘 적절한 양의 커피를 1g 오차 이내로 담는 것이 중요하다.

→ Capsules, 50쪽

Bean to cup 빈투컵   BREWING

커피 추출은 완전 자동화에서부터 완전 수작업에 이르기까지 다양하다. 대체로 좋은 커피는 수작업으로 만들어지는 경향이 있지만, 자동화 과정을 통해 고품질의 커피를 만들려는 시도가 꾸준히 이루어지고 있다. 자동화 머신은 보통 사용 및 습득의 편리함을 우선하여 제작되는데, 다양한 커피 종류의 특수한 요구사항을 일일이 맞출 수 없기 때문에 커피의 질은 다소 떨어질 수 있다. 한편, 기술의 발전은 커피 제조 과정에서 일어날 수 있는 수많은 변수들을 조금 더 철저하게 관리하도록 도와준다. 빈투컵 커피 머신의 품질과 정교함은 기기마다 큰 편차가 있다. 품질이 우수한 머신은 상당히 높은 성능을 뽐내며 훌륭한 커피를 만들어낸다. 여기에서 핵심은 커피 제조 과정에서의 모든 자동화 요소가 기계를 설계하고 가동하는 사람에 의해 이루어진다는 것이다. 사용자는 다양한 종류의 커피에 맞춰 머신을 섬세하게 다룰 수 있어야 한다.

Bicarbonate 중탄산염

45쪽 Buffer 참조.

Blending 블렌딩　　　　　　　　　　　ROASTING

→ Origin, 172쪽
→ Variety, 234쪽

커피를 블렌딩하는 것은 어디서나 흔히 볼 수 있다. 커피를 즐기는 사람이라면 틀림없이 "우리 가게만의 특별한 마스터 블렌드/하우스 블렌드를 맛보세요"라는 상술의 타깃이 된 경험이 있을 것이다. 로스팅 전문가들이 블렌딩을 하는 이유에는 몇 가지가 있다. 첫째로는 서로 다른 향미 특성을 섞기 위해서고, 둘째로는 비용 절감과 커피(들)의 결점을 감추기 위해서다. 블렌딩을 함으로써 로스터는 커피 공급에 있어 계절 변동의 영향을 최소화하고 일관적인 상품을 생산할 수 있게 된다. '블렌드'라는 단어가 지닌 문제는 이 말 자체에 별 뜻이 없다는 데 있다. 와인 양조업계에서 블렌드라는 용어는 일반적으로 같은 포도밭이나 마을에서 생산된 서로 다른 품종을 혼합하는 것을 의미한다. 블렌딩되는 각각의 원두 역시 애초에 여러 품종이 섞여있을 가능성이 크다. 몇몇 커피 회사들은 블렌딩을 피하고 단일 산지에서 생산된 커피 특성을 강조하여 개별 원두가 가진 이야기와 산지에 주목하기도 한다. 그러나 이 '싱글 오리진'이라는 말 역시 정의하자면 한 국가에서 생산된 커피를 뜻할 뿐이다. 예컨대 브라질의 여러 지역에 분포된 농장에서 각각 생산된 원두가 섞인 커피라도 블렌딩 커피가 아니라 싱글 오리진이라는 이름으로 판매된다는 뜻이다. 한편, 넓은 토지에 걸쳐있는 대규모 농장을 떠올려보자. 이 경우 단일 농장에서 생산된 커피더라도 기본적으로는 여러 밭에서 난 생두가 섞여있을 수 있다. 싱글버라이어티 랏single-variety lot, 마이크로 랏micro lot, 나노 랏nano lot 등 원두의 원산지를 가리키는 보다 구체적인 용어도 있다. 스페셜티 커피 업계에서 블렌딩은 다소 하락

세를 보이는 추세다. 여러 종류가 섞인 생두는 로스팅이 어려울 수 있고, 블렌드 원두에서 커피를 균일하게 추출하는 것 역시 까다롭기 때문이다. 여기서 '포스트 블렌딩post blending'이라는 개념이 등장한다. 포스트 블렌딩이란, 로스터가 각각의 원두에 맞는 로스팅 방식을 찾아 개별적으로 로스팅을 한 후에 블렌딩하는 것을 뜻한다. 블렌딩의 장단점에 대해서는 분명히 이견이 있고, 블렌딩을 하는 이유도 여러 가지가 있을 것이다. 다만 블렌딩은 아직까지 커피 마케팅과 판매에 있어 매우 효과적인 수단이다. 커피 회사들은 블렌딩을 통해 소비자가 커피와 교감할 수 있는 스토리를 더함으로써 특별한 커피를 생산해낸다.

→ V60, 233쪽

Bloom 블룸 BREWING

물이 분쇄 원두에 닿을 때 이산화탄소(CO_2)가 빠르게 방출되는 현상을 블룸이라고 한다. 예를 들어 프렌치 프레스를 사용할 때, 플런저를 누르기 전 침출 중인 커피 윗부분에 나타나는 거품 같은 크러스트가 블룸이다. 구체적으로는 일회용 필터 커피를 내릴 때 '크러스트' 대신 '블룸'이라는 명칭을 사용한다. 때로 블룸은 커피 추출 과정의 한 단계로 취급되기도 한다. 커피를 '블룸'시키기 위해 초반에 얼마만큼의 물을 부으라는 식으로 명시하는 브루잉 레시피도 있다. 블룸의 원리는 커피에서 이산화탄소를 방출함으로써 물이 커피의 향미를 잘 이끌어내도록 하고, 또 이산화탄소 과잉으로 인한 나쁜 맛을 제거하는 것이다. 어느 정도 일리가 있는 이론이다. 혹자는 블룸 시간이 그 현상이 지속되는 동안 우러나는 향료의 가짓수 때문에 맛에 영향을 줄 수 있고, 커피 거품이 꺼지는 시간을 조정함으로써 맛을 조율할 수 있다고 주장하기도 한다. 개인적으로는 '블루밍'이 추출 결과에 미치는 영향력에 대해서 회의적인 입장이다. 그보다는 원두가 얼마나 신선하게 로스팅 되었는지를 알아보는 척도 중 하나라고 생각한다.

→ Le Nezdu Café®, 146쪽

Blossom 꽃
GROWING

커피나무는 꽃을 피운다. 커피나무는 자가수분을 하므로 충매 수분 없이도 열매를 맺는다. 대부분의 커피 재배 국가는 사계절이 뚜렷하다. 커피나무는 집중 호우 시기가 지나면 꽃을 피우는데, 아름답고 소박한 흰 꽃은 매우 향긋하며, 재스민 향에 자주 비교된다. 개화 후에 맺히는 열매는 길게는 9개월에 걸쳐 익고, 다 익은 커피 체리는 수확되어 공정을 거쳐 그 안에 숨겨진 귀한 생두를 내놓는다. 커피의 향미를 묘사할 때면 커피꽃 향이 난다고 표현하기도 하는데, 르네뒤카페 아로마 키트 구성에도 이 커피꽃 향이 포함되어 있다. 커피꽃 향기는 매우 그윽하지만 가려낼 수 있을 만큼 익숙해지기란 쉽지 않다. 대부분의 커피 소비 국가에서 커피꽃 향을 직접 맡아볼 기회가 전무하기 때문이다.

→ Acidity, 19쪽
→ Flavor notes, 103쪽
→ Gustatory, 119쪽

Body 바디
TASTING

바디는 커피 시음 레퍼토리에 있어 비교적 파악하기 까다로운 용어다. 개인적으로는 이 말을 식감, 즉 입에 닿는 느낌과 연관 지어 생각해야 한다고 본다. 간단히 말해 바디란, 입안에 머금은 커피가 얼마나 묵직하게 느껴지는지를 가리킨다. 커피의 바디를 묘사할 때는 대체로 '가벼움'과 '무거움'의 스펙트럼을 염두에 두고 표현한다. 그러나 흥미롭게도, 바디는 가볍지만 입에 닿는 느낌은 끈끈한 커피가 있을 수 있고, 바디는 무겁지만 촉촉한 식감을 가진 커피가 있을 수 있다. 커피에는 복합적인 향미가 동시에 들어있어 초반에는 시음이 어렵게 느껴질 수 있다. 바디나 식감 같이 몇몇 핵심적인 요소에 주목하면서 음미하는 것은 커피를 논하고 경험하는 초기 단계에서 요긴한 방법이다. 바디나 식감은 어느 정도 객관적인 면이 있으므로 시음을 경험한 다른 사람들과 공감하기도 상대적으로 쉽다. 그에 비해 커피의 향미는 몹시 복잡해서, 예를 들면 커피에서 오렌지 향이 나는지 귤 향이 나는지, 구체적으로 파악하기가 상당히 어렵다.

Bolivia 볼리비아   ORIGIN

→ Variety, 234쪽
→ World Barista Championship, 245쪽

국토 대다수가 고지대인 볼리비아는 세계에서 가장 높은 해발고도에서 재배되는 커피를 생산한다. 볼리비아의 자연 환경은 커피를 재배하기에 알맞지만 생산량이 적고 최근에는 감소 추세이기까지 하다. 산악형의 지형 탓에 생산과 유통이 까다롭고, 커피보다 카카오를 재배하는 것이 더 안정적인 수입을 제공하기 때문이다. 개인적으로는 2012년 처음으로 참가한 월드 바리스타 챔피언십에서 볼리비아산 원두를 사용했는데, 볼리비아에서 나오는 여타 최상급 원두와 같이 매우 달콤하고 깔끔한 향미의 카투라 품종이었다. 볼리비아 라파스 로아이사 지역에서 재배된, 복합적이고 숙성된 발렌틴 농장의 원두는 가장 좋아하는 것 중 하나다.

Boston Tea Party 보스턴 차 사건   HISTORY

→ United States of America, 230쪽

1773년, 당시 북미 대서양 연안의 13개 식민지역에는 자신들이 직접 선출한 대표자 대신 영국 의회가 제정하고 시행한 과세 정책에 대한 반감이 팽배해 있었다. 그중에서도 특히 큰 반발을 불러일으킨 것은 1773년의 차 조례로, 북미 식민지역에 수입되는 차에 무거운 관세를 부과하는 법률이었다. 이 조례에 대한 저항 행동은 이윽고 보스턴 차 사건(혹은 보스턴 티 파티)이라고 불리는 시위로 이어졌다. 12월 16일, 차를 싣고 입항하려던 영국 동인도회사의 무역선은 하역을 거부당했다. 그날 저녁, 30~130명 사이의 사람들이(기록에 따라 정확한 명수는 달라진다) 배에 승선하여 찻잎이 든 궤짝을 바다로 내던졌다. 이 상징

적인 행위는 미국독립전쟁(1765~1783)으로 이어지는 결정적이 된다. 이후 북미에서 차를 음용하는 것은 반애국적 행위로 간주되었고 차를 대신해 커피가 가장 인기 있는 온(溫) 음료가 되었다. 미국은 오래 전부터 세계 최대 커피 수입국이며, 커피는 미국 문화의 핵심적인 요소이다.

→ *Terroir*, 220쪽

Bourbon 버번
VARIETY

동명의 미국산 위스키와는 관련이 없으며, 이름의 유래는 프랑스 부르봉 왕가이다. 버번 커피가 처음 재배된 곳이 레위니옹 섬인데, 이 섬의 옛 명칭이 프랑스 왕가의 이름을 딴 부르봉 섬이었다. 스페셜티 커피 업계에서 버번 품종은 뚜렷한 정체성을 가진 달콤한 향미 프로파일로 잘 알려져 있다. 버번이 광범위한 지역에서 널리 재배된다는 사실은 굉장히 많은 요소들이 이들 커피의 향미에 영향을 미친다는 것을 시사하는데, 전 세계의 버번 산지에서 생산되는 커피는 넓은 범위의 향미 프로파일을 보인다. 또한 시간이 흐르며 다양한 버번 개량종이 등장하고 확산되었다. 버번의 하위 개량종으로는 레드, 옐로, 오렌지 등이 있다. 르완다산 버번 원두와 엘살바도르산 버번 원두를 비교 시음하는 것은 좋은 경험이 될 것이다.

→ Producing, 186쪽

Brazil 브라질
ORIGIN

브라질은 다년간 전 세계의 다른 어떤 국가보다도 큰 규모로 커피를 재배하고 수확해왔다. 브라질은 대체로 낮은 해발고도에서 아라비카와 로부스타종을 모두 생산하며, 그 원두의 질 역시 천차만별이다. 브라질산 커피는 대부분 모난 데가 없고 산미가 약하며 뚜렷한 초콜릿과 견과류의 향미 프로파일을 갖지만, 예외적으로 조금 더 높은 해발고도에서 재배되고 산미가 강한 커피가 소량 생산되기도 한다. 브라질은 커피 재배, 수확,

가공에 있어 새로운 기술을 선도한다. 평탄하고 해발고도가 낮은 농장이 많아 수확에 트랙터를 이용할 수 있기 때문이다. 포도밭처럼 줄지어 늘어선 커피나무를 따라 트랙터가 지나다니며 커피체리를 쳐서 떨어뜨리는 방식으로 수확한다. 이러한 방법은 덜 익었거나 지나치게 익은 열매가 섞이기 쉽고, 이렇게 질적으로 섞인 커피체리를 분류하려면 복잡한 기계 공정이 필요하다. 브라질 세하도 지역의 다테라 농장을 방문했을 때 그곳의 기술 수준과 그 기술이 커피 분류와 가공 과정을 얼마나 개선시키는지를 보고 무척 놀랐던 기억이 있다. 다테라 농장은 압력에 따라 커피체리의 숙성정도를 파악하는 맞춤형 분류 시스템과 초당 수천 개의 생두를 스캔하는 LED 분류 기계를 구비하고 있었다. 브라질에서는 내수용 커피 소비량이 꾸준히 증가하고 있는 추세다.

→ Dose, 78쪽
→ Yield, 251쪽

Brew ratio 추출비율   BREWING

추출비율이란 브루잉 레시피의 일부로서, 커피를 추출할 때 사용하는 물의 양, 즉 커피 대 물의 비율을 뜻한다. 여러모로, 사용된 커피 가루의 무게와 추출물(완성된 음료)의 무게를 비교하는 편이 더 간편하기는 하다. 그럼에도 불구하고 추출비율은 커피라는 음료의 본질적인 형태를 고려하고 또 전달하는 데 있어 유용한 개념이다. 일반적으로 '추출비율 50%' 혹은 '1 : 2 비율'과 같이 표현한다. 이 두 가지 표현은 똑같은 뜻으로, 완성된 음료가 사용된 커피 무게의 두 배라는 의미이다. 예를 들어 커피 15g을 사용한 30g의 에스프레소와 22g으로 내린 44g의 에스프레소는 추출비율이 동일하다. 후자가 샷의 양이 더 많기는 하지만 두 샷의 스타일은 동일하다. 다만 후자의 경우 커피를 더 많이 사용해 내렸을 뿐이다.

→ Refractometer, 195쪽
→ Ripe, 196쪽

Brix 당도

GROWING

브릭스 1도(1°Bx)는 수용액 100g당 1g의 설탕이 녹아 있다는 뜻이다. 브릭스 척도는 말하자면 어떤 용액의 당도가 얼마나 높은지를 측정하는 기준이다. 와인 양조 시 포도의 당도 측정을 비롯해 수많은 과일과 채소의 당도를 잴 때 사용된다. 그렇다면 브릭스와 커피가 무슨 상관이 있을까? 작물의 질을 따지는 커피 농부들은 수확물의 수준을 측정하고 개선하는 방법을 적극적으로 연구한다. 최근에는 커피체리의 당도를 측정해 얼마나 익었는지를 알아보기 위해 브릭스 척도를 사용하는 농장이 늘어나고 있다. 브릭스 값을 측정할 때는 커피의 농도를 알아볼 때 사용하는 것과 유사한 굴절계를 이용한다. 사실상 두 방법의 차이는 측정값을 해석하는 방식에 있을 뿐이다.

→ Acidity, 19쪽
→ Water, 242쪽

Buffer 완충제

WATER

물에 관해서는 할 말이 아주 많다. 완충제야말로 커피 맛에 가장 극적인 변화를 불러일으키는 요소라고 생각해 독립항목으로 정리했다. 처음 들으면 조금 이해하기 어려울 수 있다. pH 변동을 억제하는 완충작용은 과학적인 과정이고, 관련 화학식이 여럿 있기 때문이다. 물의 '알칼리도'나 '중탄산염 함유량'도 기본적으로는 완충제와 유사한 뜻이다. 물속에 녹아 있는 음이온 성분 OH^-, CO_3^-, HCO_3^-는 알칼리도로 대변되는 대표적인 구성 물질로, 이들이 없으면 외부 요인에 의해 물이 급격히 산성화될 위험이 있다. 완충제라는 용어는 생수병에도 흔히 적혀 있는데, 앞서 말했듯 액체의 pH를 일정하게 유지하는 역할을 한다. 우리의 혈관을 타고 흐르는 혈액 역시 유사한 완충 체계를 통해 pH를 유지한다. 커피는 커피를 만들기 위해 사용하는 물보다 pH가 낮은 산성음료다. 완충 효과가 높은 물, 즉 알칼리도 함량이 높은 물을 쓰면 산도가 덜한 커피음료가 만들어지고, 산미가 중요한 커피에서 이는 문제가 된다. 완충 효과가 얼마나 놀라운지 직접 알아보고 싶다면 베이킹소다(중탄산염의 일종이다)를 손끝으로 소량 집어 커피에 넣어보라. 커피의 산미가 거의 날아간 것을 느낄 수 있을 것이다. 이런 커피는 무미건조하고 씁쓸하다.

→ Fairtrade, 95쪽

C market C마켓

TRADING

흔히 C마켓으로 불리는 커피 선물시장은 미국 달러화를 기준으로 하는 국제 상품 무역시장이다. 선물시장은 그 명칭에서도 알 수 있듯, 미래에 공급할 특정 상품에 대한 계약을 바탕으로 운영되며, 이에 따라 전 세계적으로 중요한 소비재의 일간/연간 상품 가격이 결정된다. 커피 선물시장은 커피 업계에 종사하는 수많은 사람들, 특히 농부들의 생계에 커다란 영향을 끼친다. 예컨대, 세계 최대의 커피 생산국인 브라질에 냉해가 발생하면 공급이 줄어들 것이라는 우려로 시장 가격이 오를 것이다. 이러한 변화는 매우 빠른 속도로 전 세계적인 반향을 일으킨다. 다른 상품 시장과 마찬가지로 커피 시장에도 호황과 불황이 있다. 시장이 호황일 때는 모두가 신이 나지만, 시장이 침체되면 많은 농부들에게 커피는 기르지 않느니만 못한 것이 된다. 대체로 스페셜티 커피 가격은 C마켓의 가격을 훨씬 웃돈다. 고품질 상품에 높은 부가 가치가 매겨지는 것이다.

Cafetière 카페티에르

107쪽 French Press 참고.

Caffeine 카페인   STIMULANT

와인은 알코올을 함유하는, 요리학적으로 복잡한 음료다. 커피도 마찬가지다. 다만 함유된 성분이 카페인이라는 점이 다를 뿐이다. 카페인의 각성 효과가 없었다면 커피가 오늘날처럼 전 세계인이 사랑하는 음료는 되지 못했을 것이다. 커피 작물은 많은 동식물이 그러하듯 특수한 진화적 이치에 따라 카페인을 생성하게 되었는데, 바로 카페인이 커피나무를 보호하는 천연 살충제이기 때문이다. 커피 음료에 함유된 카페인의 양은 천차만별이다. 커피 품종과 산지가 큰 영향을 미치는데, 아라비카 커피의 카페인 함량은 로부스타의 절반에 불과하다. 높은 해발고도에서 재배된 커피는 병충해의 위협이 상대적으로 덜하므로 카페인 함량도 낮은 편이다. 몇몇 아라비카 품종은 자연적으로 카페인 함량이 낮기 때문에 디카페인 커피를 만드는 해결책으로 여겨지기도 한다. 다만 이러한 품종들도 낯선 환경에서 재배되면 카페인 함량이 높아지는 변이가 나타날 수 있다. 커피숍에서 커피를 구매하는 사람들에게 혼란을 주는 사실은 음료를 추출할 때 사용된 커피의 양을 알지 못한다면 완성된 커피에 카페인이 어느 정도 들어있는지 가늠하기가 굉장히 어렵다는 점이다. 컵 사이즈에 속아서는 안 된다. 음료의 양이 적더라도 많은 양의 커피 가루로 만들었다면, 소량의 커피 가루를 사용했지만 양은 많은 음료보다 카페인 함량이 높을 것이다. 커피의 농도를 기준으로 판단하기도 어렵다. 에스프레소는 진하지만 부피가 작기 때문에 머그 한 잔만큼의 드립 커피보다 카페인이 더 많이 들어있기는 어렵다.

→ Flat white, 100쪽
→ Steaming, 212쪽
→ Strength, 212쪽

Cappuccino 카푸치노   DRINK TYPE

'커피'하면 떠오를 만큼 상징적인 음료. 그래서 카푸치노란 정확히 어떤 음료인가? 일반적으로 메뉴판에 오르는 거의 모든 커피 음료는 정의상 이견이 있을 것이다. 카푸치노에 들어가는 에스프레소와 우유의 비율은 어느 정도가 적절할까? 우유 거품은 얼마나 넣고, 또 어떤 상태의 거품을 써야 할까? 또 다른 커피 음료와 비교하여 정확히 어떤 점이 다른가? 이에 대해 명확한 정의를 찾기는 어렵다.

카푸치노는 아마도 그 어떤 것보다 가장 해석의 여지가 많은 커피 음료일 것이다. 일반적으로 라떼보다 진하고(우유에 대해 커피의 비율이 더 높다) 우유 거품이 올라간 음료를 카푸치노라고 부르지만, 으레 커피숍에서 카푸치노를 주문하면 위에 코코아 가루 등을 뿌린 라떼가 나오기 일쑤다. 이 이상 구체적으로 카푸치노를 정의하기란 꽤나 까다롭다. 이상적인 카푸치노야말로 우유를 넣은 음료 가운데 가장 만들기 어렵다고 주장하는 사람이 많다. 밀도가 높은데다가 잘 부풀어 오른 우유 거품을 만드는 것은 불가능에 가깝기 때문이다. 우유 거품이 흩어지지 않는 완벽한 카푸치노에 대해 들어본 적이 있지만, 개인적인 생각으로는 환상에 불과한 듯하다. 곧바로 마시지 않는 이상 우유 거품은 기본적으로 위에 떠올라 흩어지기 때문이다. 말은 이렇게 하지만 나 역시 그 전설의 카푸치노를 만들어보겠다고 엄청나게 노력한 시기가 있었다.

카푸치노는 흔히 알려진 것처럼 수도사의 머리 모양에서 유래된 명칭이 아니다. 실제로는 오스트리아 빈에서 생겨난 말로, 우유를 섞은 진한 커피의 색깔이 카푸친 수도사의 갈색 복장을 닮았다 하여 붙은 이름이다.

→ Bean to cup, 30쪽

Capsules 캡슐 커피   BREWING

1972년 네슬레사가 캡슐 기술을 개발하고 네스프레소Nespresso™라는 브랜드를 만들었다. 이후 타사에서도 유사한 상품을 판매하기 시작했고, 큰 성공을 거두면서 캡슐 커피 소비량은 꾸준히 증가해왔다. 캡슐 커피의 가장 큰 이점은 커피 추출 과정의

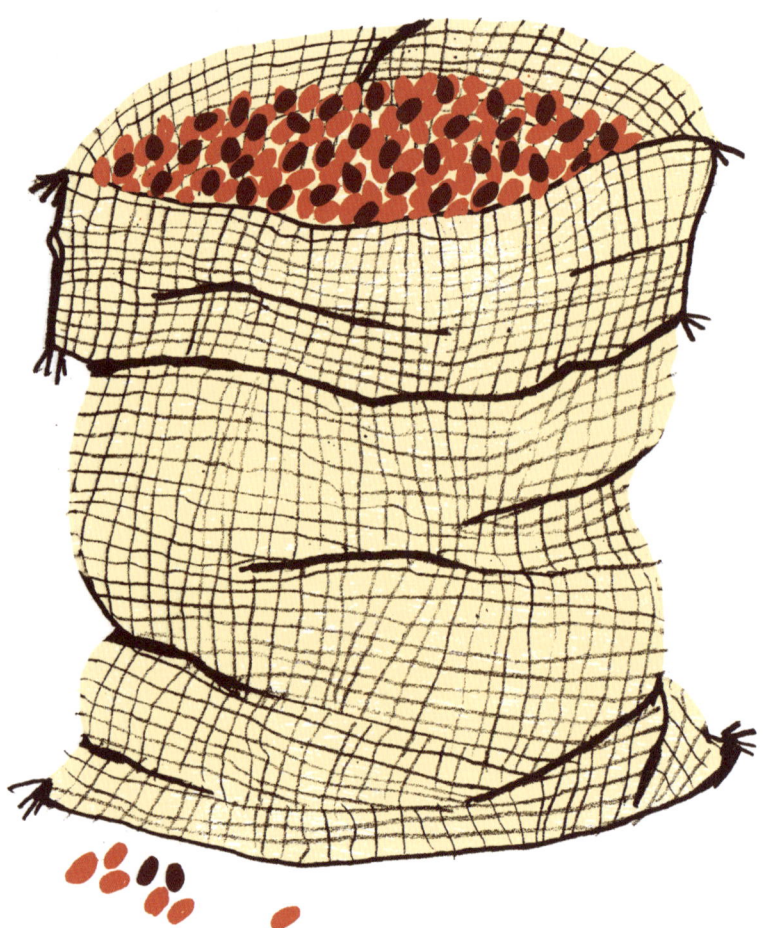

더 많은 부분을 관리 감독할 수 있다는 점이다. 캡슐에는 분쇄 원두가 들어있을 뿐이지만, 알루미늄이나 플라스틱 캡슐에 커피를 담고 빈 공간에 불활성 기체를 주입하면 놀랍도록 오랜 기간 신선도를 유지할 수 있다. 최근까지만 해도 스페셜티 커피 업계에서는 캡슐에 큰 관심을 쏟지 않았고, 따라서 캡슐 커피는 정교함이 떨어지고 커머셜 커피의 향미 프로파일에 치중해왔다. 그렇다고 해도 캡슐 커피 기술은 뛰어난 브루잉 시스템이다. 2012년에 네스프레소 특허 기간이 만료된 이후 스페셜티 커피 전문 기업과 로스터도 캡슐 시장에 뛰어들고 있다.

Carbonic maceration 탄산가스 침용

GROWING; PROCESSING

→ Fermentation, 96쪽
→ Honey process, 124쪽
→ Natural process, 162쪽
→ *Terroir*, 220쪽
→ World Barista Championship, 245쪽

카보닉 매서레이션, 즉 탄산가스 침용은 와인 업계에서는 친숙한 용어다. 커피 업계에서는 2015년 세르비아 태생의 호주인 바리스타 사샤 셰스틱이 이 공법을 사용한 커피로 월드바리스타챔피언십에서 우승하면서 알려지게 되었다. 커피와 와인은 공통점이 많다. 둘 다 복잡하고 깊은 맛이 있는 음료로, 단일 원료를 이용해 만들어지며 재배지의 자연 제반 조건(테루아, terroir)이 맛에 큰 영향을 끼친다. 와인에서 탄산가스 침용은 포도알 하나하나에서 내부적으로 진행되는 화학 작용이다. 포도에 이산화탄소를 주입함으로써 껍질을 터뜨리지 않고도 포도를 발효시키는 것이다. 커피를 가공할 때도 발효를 이용하기는 하지만, 커피의 경우 열매 자체보다는 열매 안의 씨앗을 이용한다. 셰스틱은 동업자인 콜롬비아의 농부 카밀로 마리산데와 함께 이 공법을 커피에 적용할 수 있을지 실험했고, 복합적인 향미를 가지면서도, 톡 쏘는 맛을 내는 아세트산의 농도는 낮은 커피를 만들어냈다. 또한 이들은 이 공법을 저온에서 생두에 적용함으로써 알코올의 축적을 피했다. 오늘날 커피 공법에

대한 연구는 그 어느 때보다도 폭넓고 세분화되었으며, 한계를 넘어서는 실험이 시시때때로 이루어지고 있다. 우리는 흔히 '워시드'나 '내추럴'과 같이 생두 가공 방식과 관련한 용어로 커피를 분류하지만, 커피체리의 온도나 사용된 물의 종류 같이 세세한 요소도 최종적으로 만들어진 커피 맛에 일조한다. 기회가 된다면 같은 밭에서 자라 다른 방식으로 가공된 커피를 맛보라. 이는 당신에게 깊은 깨달음을 줄 것이다. 이러한 차이는 아주 미묘할 때도 있지만 놀라우리만치 확연한 경우도 있다.

Cartridge filter 카트리지 필터   WATER FILTRATION

→ Buffer, 45쪽
→ Reverse osmosis, 196쪽

보다 정확한 명칭은 이온 교환식 카트리지다. 커피숍 카운터 아래쪽에 놓여 있는 것을 흔히 보게 된다. 브리타Brita 등의 가정용 여과식 정수기와 거의 같은 원리라고 할 수 있다. 카트리지에 부은 물이 카트리지 속 수지resin를 통할 때 물 분자의 이온과 수지의 이온이 교환되면서 여과된 용액이 흘러나온다는 화학 기술을 차용한 영리한 시스템이다. 카트리지에 들어가는 수지는 다양하게 구성될 수 있다. 여기서 주목할 점은 카트리지를 통과하는 물의 성분에 따라 여과기에서 교환되는 이온이 정해지므로, 카트리지 필터를 쓸 때 특수한 종류의 물을 사용할 필요는 없다는 점이다. 여과되어 나온 물의 성분은 여과되기 전의 물이 원래 가지고 있던 고유 성분에 의해 좌우된다. 그렇기는 해도 카트리지 필터가 여러 타입의 물에 어떤 영향을 끼칠지는 어느 정도 예측할 수 있을 뿐더러, 때로는 물에 맞추어 필터를 나름대로 조율할 수도 있다. 이런 여과 시스템은 반드시 물의 완충효과를 낮추는 방향으로 설계된다.

Cascara 카스카라   COFFEE BY-PRODUCT

→ World Barista Championship, 245쪽

카스카라는 커피체리를 말린 것이다. 곡물 따위의 겉껍질을 뜻

하는 스페인어에서 유래했다. 전통적으로 카스카라는 커피 가공 과정의 부산물로서 별다른 쓰임새가 없다고 여겨졌다. 하지만 볼리비아에서는 가볍게 볶은 카스카라를 우려 차를 마시며, 이 카스카라 차를 '빈자의 커피'라고 부르고는 한다. 근래에는 카스카라에 대한 관심이 크게 늘었다. 월드바리스타챔피언십 시그니처 음료 부문에서 카스카라를 이용한 음료가 다수 수상하기도 했다. 말할 것도 없이, 커피콩이 자란 체리 자체를 커피 음료에 섞는 것에는 서사적 낭만이 있다. 오늘날 카스카라는 다양하게 활용되고 있고, 카스카라를 이용한 음료 또한 여럿 출시되었다. 지금까지 경험한 카스카라 활용법 중 가장 마음에 들었던 것은 에스프레소를 마시기 전 입가심으로 곁들여 나온, 얼그레이 홍차가 스며든 카스카라였다. 런던의 커피숍 카페인Kaffeine에서 처음 먹어 보았다. 카스카라도 커피와 마찬가지로 커피나무의 개성에 따라 다양한 향미 특징을 보인다. 다만 공통적으로 나타나는 향미 프로파일은 카스카라 자체의 특성을 따른다. 즉, 말린 커피 열매인 만큼 건과일의 향미가 진하다. 주로 건포도, 셰리주, 식물향이 난다.

Castillo 카스티요   VARIETY

→ Kenya, 141쪽
→ Species, 208쪽

카스티요는 커피 품종과 그 발전 과정의 여러 측면을 살펴보기에 아주 좋은 예다. 지금 널리 재배되는 커피 품종은 대부분 어떤 형태로든 인간의 손을 거친 것이 많다. 새로운 품종을 개발할 때 이상적으로 추구하는 사항은 수확량 증대, 병충해에 대한 내성, 그리고 뛰어난 맛이다. 그러나 맛이 뛰어난 커피는 보통 수확량이 적고, 병충해에 강한 품종을 얻고자 로부스타종과 교배하는 것은 품질을 떨어뜨리기 때문에 훌륭한 개량종을 얻기란 꽤나 어렵다. 그렇다고 해서 불가능한 것은 아니다. 케냐산 커피의 명성을 드높인 SL 품종은 식민지 시대에 수확량을 늘리고자 개량되었지만, 그 과정에서 굉장히 품질 좋은 커피를 얻게 되었다. 아메리카 대륙 산지에서 가장 문제가 되는 것은 커피녹병인데, 콜롬비아에서는 병해저항성이 뛰어난 품종을 훌륭히 개량해왔다. 한편, 여타 개량종이 그렇듯 카스티요 품종 역시 편견에 부딪혔다. 병충해에 강한 작물을 얻기 위해 맛을 타협했을 테니, 상대적으로 병충해에 약하고 수확량도 떨어지는 카투라 품종에 비해 경쟁력이 떨어질 것이라는 견해가 지배적이었다. 하지만 커피를 논함에 있어 특정 품종을 두고 좋다 나쁘다고 결론 내리기란 극도로 어려운 문제다. 예를 들어 케냐에서는 훌륭하게 자라지만 엘살바도르에서는 그렇지 않은 품종이 있을 수 있다. 커피 경작지 프로젝트Coffee Lands Project의 마이클 셰리던은 카스티요와 카투라 품종의 블라인드 시음회를 개최하는 등 소비자의 입맛에 도전함으로써 카스티요 품종에 대한 세간의 견해를 바꿔놓는 데 일조했다. 셰리던의 작업은, 카투라 품종에 적합한 재배 조건에서 고품질의 카스티요 품종을 얻길 기대하는 것은 불공평하고 비생산적인 논의이며, 그보다는 카스티요 품종이 어떤 재배 환경에서 잘 자랄 수 있는지를 연구하는 것이 보다 중요하다는 것을 보여준다.

Channelling 채널링   BREWING

→ Extraction, 92쪽
→ Grooming, 116쪽
→ Naked shot, 161쪽
→ Portafilter, 182쪽
→ Tamping, 219쪽

채널링이란 물이 커피 가루를 통과하는 방식과 관련된다. 이 단어는 에스프레소와 관련해 가장 자주 쓰인다. 에스프레소를 추출할 때는 물이 바스켓에 담긴 커피를 고르게 투과하여 모든 부분에서 맛을 끌어내는 게 핵심이다. 그런데 물이 커피를 균일하게 투과하지 못하고 하나 또는 몇몇 개의 물길만을 따라서 흐르는 상황이 생기기도 하는데, 이것을 채널링이라고 한다. 채널링이 일어나면 많은 물이 스며든 부분에서는 과하게 맛을 뽑아내고 다른 부분에서는 충분히 끌어내지 못해 커피 맛에 좋지 않은 영향을 미친다. 채널링이 일어나게 되는 원인에는 여러 가지가 있는데, 바스켓에 커피가 균일한 밀도로 담기지 않거나,

탬핑 과정에 문제가 생기거나, 분쇄 원두의 입자 크기가 들쑥날쑥하면 이런 문제가 생긴다. 바텀리스 포터필터를 사용하면 채널링이 일어났을 때 손쉽게 알 수 있다.

Chemex™ 케멕스 BREWING

1940년대 초반에 발명된 케멕스는 매력적인 디자인과 뛰어난 추출력으로 커피 추출 기구의 상징적 존재로 자리매김했다. 케멕스의 매력은 대중문화에 빈번히 등장하는 것만 봐도 알 수 있는데, 그중에서도 내가 가장 좋아하는 사례는 이언 플레밍의 소설 《007 위기일발》(*From Russia with Love*, 1957)에서 제임스 본드가 케멕스를 이용해 모닝커피를 내리는 장면이다. 유리와 목재로 이루어진 아름다운 디자인도 그 인기에 한몫하겠지만, 역시 케멕스로 만드는 커피에 가장 큰 영향을 끼치는 요소인 특수한 페이퍼 필터를 빼놓을 수 없다. 다양한 여과식 추출법에 사용되는 페이퍼 필터가 커피 맛에 큰 영향을 미치고, 소비자들이 어떤 추출법을 선호하는지도 판가름할 수 있다는 견해가 지지를 얻는 추세다. 어떤 재질의 페이퍼가 커피 맛에 나쁜 영향을 가장 덜 미치는가를 가늠하기 위한 소위 '페이퍼 테이스팅'이 열리기도 한다. 페이퍼 자체의 특성도 그렇지만 커피의 성분들을 얼마나 완전히 여과하는가도 맛에 영향을 미친다. 케멕스 전용 필터 페이퍼는 두껍고 조밀하게 짜여 있어서 대부분의 커피 오일을 걸러내고, 침전물이 거의 없는, 우리가 보통 '클린컵'이라고 부르는 깔끔하고 잡미가 적은 커피를 내놓는다. 페이퍼 테이스팅 시연회에서도 꾸준히 성적을 거두고 있다.

China 중국 ORIGIN

전 세계 차 문화의 수도인 중국에서도 커피 음용량이 늘고 있는 중이다. 놀랍게도 윈난 성에서는 커피 재배도 꽤 이루어진다. 커피가 중국에 소개된 것은 1880년대 후반이지만 커피 재배와 소비가 본격적으로 활성화된 것은 비교적 최근이다. 스페셜티 커피 업계에서 원난산 커피는 별 관심을 끌지 못했지만, 최근 들어 작물의 수준이 높아지고 있다. 커피 음용 문화도 변화의 시기를 맞아 소비량이 늘고 고급 커피에 대한 관심도 높아졌다. 상하이에서 열리는 중국 차 & 커피 엑스포는 세계 최대의 커피 관련 제전 중 하나다. 방문해보면 오늘날 중국에서 스페셜티 커피에 대한 관심과 열정이 얼마나 뜨거운지를 체감할 수 있을 것이다.

Clean 클린　　　　　　　　　　　　　　　TASTING

→ Defects, 73쪽
→ Natural process, 162쪽
→ Old Brown Java, 169쪽
→ Washed process, 241쪽

커피가 '깨끗하다'라고 표현하면 으레 '그러면 더러운 커피도 있겠네?'라는 반문이 따라붙는데, 결론부터 말하자면 당연히 '있다!' 커피를 재배하는 과정에는 커피 맛에 안 좋은 잡미를 더할 수 있는 잠재적 문제 요소가 수없이 많다. 결점이 많은 커피를 깨끗하지 못하다고 표현하기도 하는데, 예를 들어 오래 묵은 커피의 톡 쏘는 나무맛을 이렇게 묘사할 수 있겠다. 잘 가공된 커피는 클린하다 혹은 맛이 깔끔하다라는 말로 표현한다. 내추럴 방식(건식)으로 가공된 커피는 워시드 방식(습식)에 비해 클린함이 떨어질 수 있어 논란거리가 된다. 그러나 이는 비단 커피 가공에만 국한된 것이 아니다. 예를 들어, 그다지 좋지 않은 제반 환경에서 그리고 낮은 해발고도에서 수확된 저품질 생두를 아무리 까다롭게 선별하고 가공한다 하더라도 깨끗한 커피 즉 클린컵이 나오기는 어려울 것이다.

Climate change 기후 변화　　　　　　GROWING

→ Altitude, 24쪽
→ Arabica, 24쪽
→ Leafrust, 146쪽
→ Sustainability, 218쪽

전 세계적 기후 변화는, 다른 작물의 경우에도 그렇듯, 커피 재배에도 커다란 영향을 미칠 것이다. 훌륭한 아라비카 커피를

생산하려면 해발고도 1,000m 이상의 특수한 기후와 온도 조건이 갖춰져야 하는데, 이상적인 자연환경은 지구 온난화로 인해 더욱 고지대로 올라가고 있다. 따라서 최상급 커피를 재배할 수 있는 지역의 범위가 점점 줄어들 것이다. 기온이 따뜻해지면 커피녹병이 더 널리, 더 심각하게 확산될 수 있다. 이에 대비해 낮은 해발고도에서도 좋은 품질의 원두를 생산하고 녹병에 대한 저항성이 높은 작물을 개발할 수 있도록 그 방법을 연구해야 할 것이다. 다만 이런 연구가 딱히 새로운 것은 아니다. 품질 개선과 병충해에 대한 내성은 언제나 작물 개량의 핵심 목표였고, 지구 온난화가 문제되는 지금 그 필요성이 더 커졌을 뿐이다. 사실상 기후 변화로 인해 커피 품종의 향미 프로파일은 변화할 것이고, 고품질의 커피를 생산하는 것은 더 어려워질 것이다.

CO_2 이산화탄소

34쪽 Bloom, 69쪽 Crema 참고.

Coffee futures market 커피 선물시장

47쪽 C Market 참고.

Cold brew 콜드브루

DRINK TYPE

→ Extraction, 92쪽

소규모의 커피 부티크부터 다국적 프랜차이즈까지, 콜드브루 열풍이 전 세계를 휩쓸고 있다. 그리고 콜드브루라는 상대적으로 새로운 음료는, 이전에 플랫화이트가 그랬듯이, 유행이 잦아들더라도 꾸준히 수명을 이어나갈 것이다. 콜드브루의 원리는 매우 간단하다. 뜨거운 물 대신 찬물을 이용하여 커피를 추출하는 것이다. 커피 추출은 고온에서 더 쉽게 이루어지므로, 찬

물을 사용할 때는 이를 만회하기 위해 드립 방식 기구든 침출 방식 기구든 추출 시간을 길게 해주어야 한다. 따라서 콜드브루를 추출하는 데는 항상 몇 분이 아닌 몇 시간이 걸린다. 다만 오랜 시간 추출하는 것은 고온에서 추출하는 것과는 화학적 과정 자체가 다르기 때문에 추출된 결과물도 퍽 다를 수밖에 없다. 콜드브루는 산미가 훨씬 덜하고, 향미 스펙트럼에서 초콜릿, 몰트, 리큐르 쪽에 치우쳐 있다. 콜드브루 방식은 대다수의 원두를 더 부드럽게 만들 수 있지만 개성 있는 원두의 산미와 향미를 충분히 끌어내지 못한다는 단점도 있다. 한편, 생맥주처럼 뽑아내는 질소 콜드브루도 속속 등장하고 있다. 커피에 질소를 주입함으로써 흑맥주 같은 크리미한 질감과 맥주를 닮은 거품층을 만들어내는 것이다.

→ Castillo, 57쪽

Colombia 콜롬비아 　　　　　　　　　　ORIGIN

콜롬비아는 품질과 향미 프로파일이 가장 다양한 커피 생산국에 속한다. 안티오키아 주에서는 초콜릿 향미가 강하고 바디가 묵직한 커피가 생산되고, 스페셜티 시장에서 많은 사랑을 받고 있는 우일라 주에서는 놀랍도록 성숙하고 과일 및 과즙 향미가 강하여 케냐산 커피와 무척 흡사한 원두가 생산된다. 콜롬비아에는 미기후 지역이 다수 분포하고 있어 일 년 내내 신선한 생두를 수확할 수 있고, 주수확기와 부수확기가 있다. 세계 최대의 커피 생산국 중 하나로서 콜롬비아는 무척 진보적이고 선진적인 커피 인프라를 갖추고 있다. 비영리 조합인 콜롬비아커피재배인연합Fedecafé이나, 카스티요 등 병해에 강한 작물 연구로 잘 알려진 커피 연구소 세니카페Cenicafé 같은 단체가 그 예이다.

Constantinople 콘스탄티노플   HISTORY

16세기 중엽, 오스만 제국의 당시 수도였던 콘스탄티노플(현재의 이스탄불)에 커피가 소개되고 얼마 지나지 않아 세계 최초의 커피하우스가 문을 열었다. 커피하우스 문화, 그중에서도 열띤 토론, 비즈니스 업무, 사교 활동을 펼칠 수 있는 공공의 장으로서 기능하는 커피하우스의 역할은 이 멋진 도시 콘스탄티노플과 그 풍요로운 문화에서 출발했다고 할 수 있다. 커피숍의 역사는 콘스탄티노플에서 시작해 아랍 세계와 유럽, 이윽고 전 세계로 퍼져나갔다.

→ Lloyd's of London, 150쪽
→ Third place, 223쪽

Costa Rica 코스타리카   ORIGIN

코스타리카는 오래 전부터 커피의 훌륭한 품질로 이름이 높았다. 최근 들어서는 커피 농부들이 본인 소유의 밭을 경작하고 수확한 열매를 직접 가공하면서 코스타리카산 커피의 원산지 추적성이 무척 좋아졌다. 실험적인 가공법에 도전하는 농부들도 많아서, 허니 프로세스 방식도 여기서 처음 시작되었다. 코스타리카에는 커피 재배지역이 여러 곳 있는데, 그중에서도 따라주가 각종 커피 대회에서 우수한 성적을 거두는 커피를 다수 생산하여 평판이 좋다. 코스타리카산 커피는 다양한 향미 프로파일을 보이지만, 그중에서도 밝고 달콤하며 향긋한 종류로 플로랄과 베리 향을 머금고 약간의 견과류 향미를 보이는 프로파일이 가장 일반적이라고 할 수 있다.

→ Honey process, 124쪽

Crema 크레마   ESPRESSO

크레마는 아름답다. 아주 오래 전부터 에스프레소 표면의 얇은 거품층, 즉 크레마의 모양과 맛은 에스프레소의 수준을 판단하는 결정적인 요소였다. 전통적으로 이상적인 크레마라고 하면,

→ Espresso, 85쪽
→ World Barista Championship, 245쪽

붉은기가 도는 진한 헤이즐넛 색깔을 띠고 설탕 한 티스푼을 올려놓아도 몇 초 정도 모양을 유지할 수 있는 밀도를 가져야 한다. 아주 운이 좋다면 '호랑이 무늬'라고 불리는, 크레마 표면에 떠오른 반점 무늬를 볼 수 있다. 하지만 결국 크레마는 추출 시의 압력이 커피 안의 이산화탄소에 영향을 끼치면서 생겨나는 부산물일 뿐이다. 크레마는 커피 자체의 품질을 보장하지는 않지만 커피의 신선도를 판단하는 데는 유용하다(오래 묵어 이산화탄소가 날아가버린 커피는 크레마가 잘 생기지 않는다). 간단히 말해 최고품질의 커피가 최고의 크레마를 만들어낸다고는 할 수 없다. 월드바리스타챔피언십에서도 크레마 형성의 중요도는 점점 낮아지는 추세다. 그보다는 생두의 질이나 로스팅 수준, 추출 기술이 커피 음료의 품질에 있어 훨씬 중요하다.

→ Panama, 175쪽

Cup of Excellence 컵오브엑설런스

COMPETITION

컵오브엑설런스(COE)는 커피 생산자들이 참가하여 자신들이 재배하고 수확한 커피의 품질 등급을 평가받고 랭킹을 겨루는 대회다. 우수한 실적을 거둔 밭의 작물은 인터넷 경매를 통해 전 세계의 상위 낙찰자에게 팔려나간다. 엄청난 영향력을 자랑하는 이 대회는 스페셜티 커피의 선구자적 존재인 미국의 조지 하웰과 수지 스핀들러가 만들었다. 이 행사는 커피 품질의 중요성을 강조하고 고품질 커피 생산자를 장려함으로써, 전 세계의 생산자들과 좋은 상품에 상응하는 값을 치를 준비가 된 바이어들을 연결하는 긍정적인 역할을 한다. 한 나라가 생산하는 커피의 수준을 평가하는 이 행사를 통해 르완다를 비롯한 여러 커피 생산국들이 하루아침에 주목을 받게 되었다. 모든 커피 생산국이 컵오브엑설런스를 개최하는 것은 아니며, 베스트 오브 파나마Best of Panama와 같이 유사한 경매 행사도 생겨났다.

Cupping 커핑

TASTING

커핑은 어감도 재미있지만, 후루룩 마시는 소리로 이루어진 약간은 어색한 합창을 동반하기도 한다. 커핑은 커피에 등급을 매기고 커피를 구매할 때 가장 널리 쓰이는 방법이다. 일관성 있는 결과를 얻기 위해 '커퍼' 즉 시음자는 명확히 정해진, 그러나 실은 꽤나 단순한 과정을 따라야 한다. 커피 볼에 분쇄원두를 담고 향을 맡은 다음, 뜨거운 물을 붓고 4분을 기다리고, 형성된 크러스트를 스푼으로 깨뜨리고 세 번 젓는다. 이 과정에서 생기는 향을 감상하고, 다시 6분을 기다려 맛을 본다. 커피 맛을 감상하기 위해 커퍼는 스프용 숟가락처럼 생긴 커핑 스푼을 이용해 그릇 바닥에 가라앉은 커피 가루를 건드리지 않고 담갔다가 커피를 한 스푼 떠서 공기와 함께 후루룩 들이마신다. 이후 10분 동안 동일한 과정을 두 번 더 반복한다. 커핑이야말로 커피를 음미하는 최적의 방식이며, 에스프레소나 필터 커피를 만들 때, 커핑 테이블에서 우리가 맛보았던 것처럼, 커피의 특성을 잘 살릴 수 있는 방식이라고 생각하는 사람이 많다. 그러나 내가 생각하기에 이는 말도 안 되는 이야기다. 커핑은 그저 커피 한 잔을 만드는 또 하나의 과정일 뿐이고, 커핑만을 중시하는 것은 커피를 만드는 데 오히려 방해가 된다. 커핑 시 경험하는 커피는 대체로 우리가 일상생활에서 만들고 소비하는 커피와 일치하지 않기 때문이다.

Decaf 디카페인
PROCESSING

카페인을 제거하는 작업은 모두 로스팅 전 생두 단계에서 이루어진다. 다양한 방법이 있지만 가장 널리 쓰이는 두 공법은 특허를 받은 스위스 워터 프로세스(SWP)와 액화 탄산가스 추출법이다. SWP 방식은 생두를 뜨거운 물에 불려 카페인과 향미를 내는 분자를 포화 상태가 되도록 녹여낸다. 카페인과 맛을 잃어버린 생두는 버리고 새로운 생두를 용액에 담근다. 이번에는 카페인만 녹아 나오고, 향미 분자는 이미 포화 상태이기 때문에 대부분 생두에 잔존하게 된다. 액화 탄산가스 추출법은 생두에 제곱인치당 1,000파운드의 압력으로 탄산을 주입하여 카페인을 수용액에 녹여내는 방식이다. 디카페인 커피는 흔히 팔리고 남은 묵은 생두로 만들어지기에 그 태생이 좋은 것은 아니다. 현재까지 맛에 영향을 주지 않고 카페인을 제거하는 방법은 개발되지 않았지만, 잘 로스팅된 신선한 커피를 이용한다면 일반적으로 생각하는 디카페인 커피보다 좋은 맛을 낼 수 있다.

Defects 결점두
GROWING; HARVESTING

커피의 향미는 여러모로 주관적이다. 초콜릿 향이 나고 모난 데가 없는 콜롬비아 안티오키아 원두를 선호하는지, 과실 향미를 지닌 콜롬비아 우일라를 선호하는지는 개인 취향의 영역이다. 그러나 선호와는 별개로 두 품종 모두 개중 고품질의 커피에는 결점이 적다고 말할 수 있다. 결점두는 커피나무에 커피체리가 열매를 맺는 과정이나 수확 및 가공 단계에서 발생하는 문제가 원인이 되어 주로 나타난다. 예컨대 병충해나 곰팡이 등의 문제를 들 수 있다. 대부분의 결점두는 숙련된 자의 날카로운 눈이나 자외선, LED 등의 영리한 기술을 차용한 분류 기계의 힘으로 골라낼 수 있다. 하지만 아무리 첨단 기술이라도 모든 결점을 제거하기란 쉽지 않다. 예를 들어 감자맛 결점 Potato defect은 르완다와 부룬디산 원두에 흔히 발생하는데, 직접 커피를 만들 때까지 이를 인식하기란 거의 불가능에 가깝다. 원두를 갈 때야 비로소 놓치기 어려운 생감자의 냄새가 풍기는 것이다. 감자맛 결점의 이유에는 의견이 분분하지만 대개 악취를 유발하는 벌레를 원인으로 보고 있다.

→ Rwanda, 200쪽
→ Species, 208쪽

Democratic Republic of Congo

콩고민주공화국   ORIGIN

콩고민주공화국은 아프리카에서 두 번째로 큰 나라이며, 동부 지역은 커피를 재배하기에 최적의 기후가 분포해 있다. 키부호 주변은 우리에게 잘 알려진 르완다의 키부 커피 재배지역과 맞닿아 있다. 콩고에서 안정적으로 고품질 커피가 공급되기 시작한 것은 최근이다. 나라 내적으로 문제가 많았고, 이것은 커피 무역에 직접적인 영향을 미쳤다. 다양한 로스터와 원두 납품 회사, 자격 시스템을 갖추고 커피 생산 잠재력을 이끌어내기 위해 분투하는 중이다. 콩고산 고급 커피는 시트러스 향이 풍부하고 복합적인 맛을 내며 멋진 산미와 원만한 초콜릿 향미를 가진다. 그러나 현재 시점에서 콩고는 아라비카보다는 로부스타를 훨씬 많이 재배하고 있다.

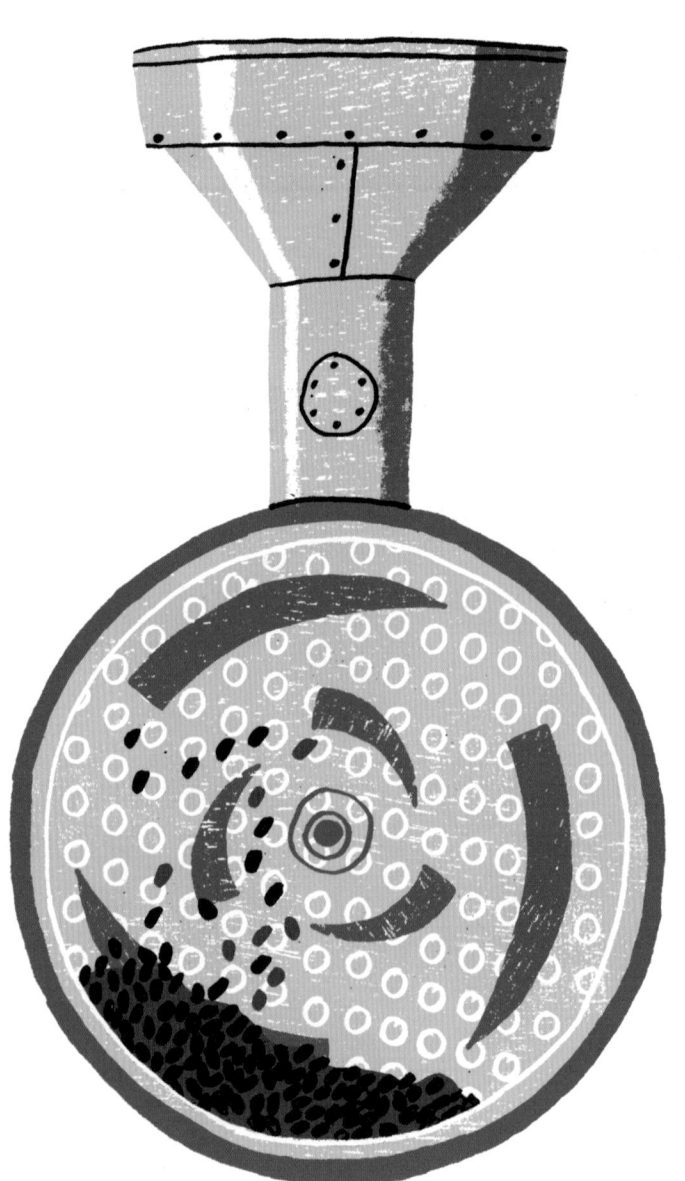

Density Table 밀도분류 — SORTING

올리버 테이블이라고도 알려진 이 방식은 진동을 이용하여 커피를 분류한다. 한쪽으로 기울어진 표면에 커피를 올려놓으면 밀도에 따라 분류되는데, 밀도가 높은 콩은 위쪽으로, 밀도가 낮은 콩은 바닥으로 움직인다. 커피콩의 밀도와 품질은 비례한다. 저밀도 콩은 대체로 잘 형성되지 못한 씨앗이기 때문이다. 이러한 분류 기술은 농장에서 생산되는 커피의 품질에 커다란 영향을 미칠 수 있다. 수작업으로 분류해도 뛰어난 결과를 낼 수 있지만, 우리 손과 눈으로는 포착할 수 없는 것까지도 잡아내는 이 분류 테크닉은 무척이나 유용하다.

→ First crack, 99쪽

Development 디벨로프 — ROASTING

디벨로프라는 용어는 커피와 관련해서 거의 항상 로스팅 기법을 논할 때 사용된다. 로스팅 과정의 아주 특수한 구간을 가리키는 말이기도 하고, 커피 로스팅 수준을 전반적으로 평가하는 개념이기도 하다. 커피를 로스팅할 때는 다양한 변화와 화학 작용이 일어나는데, 커피콩의 잠재력을 충분히 이끌어내지 못하면, 즉 충분히 디벨로프하지 못하면 커피에서 풀 맛이 나거나, 시큼하거나, 향미가 떨어질 수 있다. 반대로 과잉 로스팅 역시 커피에 좋지 못한 결과를 가져온다. 커피를 맛볼 때 시음자는 로스팅 과정이 커피에 어떤 영향을 미쳤는지를 파악하고 디벨로프가 덜 되었다거나 지나치게 되었다고 표현한다. 디벨로프 시간이란 엄밀히 말해 1차 크랙 이후의 로스팅 공정에 소요된 시간을 통틀어 말한다. 보통 퍼센티지로 나타낸다. 이야기가 조금 복잡해지지만, 로스팅 초기 단계에서 충분히 가열되지 못한 원두는 디벨로프 시간이 길었더라도 '잘' 디벨로프되지 않았을 가능성이 있다.

→ Brew ratio, 42쪽
→ Extraction, 92쪽

Dose 도즈   BREWING

도즈는 단순한 기술 용어로, 흔히 커피 한 잔을 만들기 위해 사용된 분쇄 원두의 양을 가리킨다. 커피에 사용된 물의 양과 같이 다른 요소에도 도즈라는 말이 사용될 수 있다. 도즈는 종종 커피 '제조법'의 일부분으로서 기록되고 논의된다. 커피를 만드는 것은 응용 화학과 물리의 집약체나 다름없다. 커피를 물에 녹여 음료를 만들기 때문이다. 이 과정에서 여러 요소가 레시피를 좌우하게 되고, 결과적으로는 만들어진 커피의 맛에 엄청난, 가끔은 질릴 정도로 큰 영향을 끼친다. 이따금 손님들과 대화를 하다보면 커피에 흥미를 느끼면서도 자신이 만드는 커피의 맛이 들쑥날쑥해 실망하는 사람들을 만난다. "매일 똑같이 만드는 것 같은데 항상 맛이 다르지 뭐예요." 커피에는 유동적인 변수가 많아 일관적인 품질을 실현하는 것이 스페셜티 커피 업계의 핵심이기도 하다. 레시피의 아주 미세한 차이도 커피 맛에 큰 변화를 주기 때문에 레시피의 어느 요소가 커피 맛에 어떠한 영향을 주는지를 파악하는 것만으로도 일관된 맛의 커피를 만들어낼 수 있다.

Drum roaster 드럼 로스터   ROASTING

녹색 생두로 시작한 커피를 다양한 향미를 가진 갈색 원두로 변화시키는 것은 로스팅에 달려 있다. 가장 전통적이면서 오늘날까지도 가장 널리 쓰이는 로스팅 방법은 드럼 로스터를 사용하는 것이다. 다양한 제품이 시장에 나와 있지만 그 제품들의 공통된 기본 구조는 뜻밖에 단순하다. 꼬치구이를 상상하면 보다 이해하기 쉬운데, 대형 금속 원통이 회전하는 동안 주로 아래에서부터 열을 가하고, 불필요한 연기를 빼내고자 드럼을 따라 공기가 순환한다. 시스템에 따라 작업자가 이 과정의 여러 요소, 즉 환기 속도, 가열 정도, 드럼 회전 속도 등을 조율할 수

있다. 로스팅된 커피에는 수백 가지의 향미 성분이 들어있는데, 로스팅 과정에서의 작은 변화가 얼마나 큰 차이를 만들어내는지는 언제나 놀랍다. 다음으로 많이 사용하는 로스팅 방법은 에어로스팅fluid air roasting으로, 뜨거운 공기층에 커피를 띄워 로스팅하는 것이다.

Dry aroma 드라이 아로마   TASTING

드라이 아로마란 커피에 물을 붓기 전 분쇄 원두 상태에서 풍기는 향을 가리킨다. 반대로 웨트 아로마wet aroma는 물을 더했을 때 나타나는 향이다. 커피는 제조 과정의 각 단계마다 확연히 다른 향미 경험을 제공한다. "커피 향은 좋아하지만 그 맛은 싫다"고 말하는 사람을 본 적 있을 것이다. 물론 그 사람이 다양한 커피를 시음해보고 맛은 나쁘지만 드라이 아로마는 좋다는 생각을 갖게 되었는지, 아니면 풍부한 초콜릿 향을 지녔지만 맛은 잿가루나 흙맛이 나는 하위 커머셜 등급의 다크 로스트만을 경험하고 그러한 결론을 내렸는지 알 수 없지만, 무엇이 되었든 드라이 아로마와 실제 음료의 맛 사이에는 큰 차이가 있다.

Dry distillates 드라이 디스틸레이트   TASTING

커피는 다양한 화합물로 이루어져 있다. 이 화합물을 흔히 향미 물질 그룹으로 분류하기도 하는데, 예를 들면 과일산, 방향족 화합물, 당갈변 화합물, 증류수 등으로 구분하는 것이다. 드라이 디스틸레이트라는 용어는 가열 공정의 부산물로 발생하는 나무향, 연기향, 탄내 등의 향미 물질을 소위 유식한 말로 표현한 것이다. 이러한 물질들은 대부분 중화합물로 다른 화합물에 비해 무거워서 과일향이나 기타 아로마향에 비하면 커피에서 이끌어내기가 어렵다. 때문에 지나치게 고온에서 혹은 장

시간 추출되었거나 분쇄 입자가 너무 고운 커피에서는 거칠고 쓴맛이 날 수 있다.

→ Vietnam, 237쪽

Ecuador 에콰도르   ORIGIN

에콰도르는 '잠재력이 가득한' 커피 생산국이다. 에콰도르산 고품질 커피는 여러 향미가 복합된, 달콤하면서도 우리가 흔히 추구하는 과일 노트, 미디엄 바디, 독특하면서도 기분 좋은 산미를 갖는다. 최근 들어 에콰도르산 커피가 인기를 얻고 있지만 아직까지는 그 수가 적다. 스페셜티 커피 업계가 주목하고 투자가 몰리는 것만 보아도 에콰도르 커피가 지닌 장점과 잠재력이 충분하다는 것을 알 수 있다. 영국에서는 인스턴트커피가 가장 인기인데, 가격 문제로 인해 대부분이 베트남산 수입 커피이다. 에콰도르의 커피 생산량이 점차 늘고 있고, 미기후 지역이 많아 뛰어난 커피를 생산해낼 여지도 충분하다.

→ Bourbon, 41쪽
→ Pacamara, 175쪽

El Salvador 엘살바도르   ORIGIN

1970년대만 하더라도 엘살바도르는 전 세계에서 세 번째로 커피를 가장 많이 생산하는 나라였다. 중앙아메리카에서 가장 작은 나라임을 고려하면 대단한 일이다. 당시 엘살바도르에서 커피는 국가 총 수출액의 절반 가까이를 담당하며 국가 경제를 책임지고 있었다. 그러나 내전과 토지 개혁 정책이 뒤따르며 커피 생산은 침체되었고 아직까지 전성기의 규모를 되찾지 못하고 있다. 오늘날에는 커피 관련 수익이 전체 수출액의 3.5%

정도에 불과하다. 이러한 경제, 농업, 정치적 요소로 인해 엘살바도르는 점차 스페셜티 커피 생산에 주력하게 되었고, 높은 해발고도의 경작지와 소규모 밭의 비중이 커졌다. 언젠가 엘살바도르를 방문했던 적이 있는데, 커피 생산을 방해하는 여러 가지 문제에도 불구하고 많은 농부들이 자신이 생산하는 커피에 대단한 열정을 가지고 실험적인 가공법에 도전하며 다양한 품종을 경작하고자 노력하는 모습을 보며 감동을 받았다. 엘살바도르산 커피 중 가장 유명한 것은 아마도 워시드 가공한 버번 품종일 것이다. 엘살바도르의 진보적인 생산자들은 다양한 개량종을 개발해 세상에 소개했는데, 파카마라 같은 품종이 이에 속한다. 커피콩이 큼직한 파카마라는 거대한 마라고지페와 파카스의 교배종이다. 좋은 엘살바도르산 커피는 흔히 달콤한 초콜릿향 바디와 베리류의 산미를 가진다.

Espresso 에스프레소 BREWING; DRINKING TYPE

→ Crema, 69쪽
→ Pressure, 185쪽
→ Strength, 212쪽

에스프레소, 어디서부터 이야기를 해야 할까? 에스프레소는 그 자체로 하나의 상징이다. 기본적으로 에스프레소는 맛이 강하고 농도가 짙은 적은 양의 커피 음료라고 할 수 있다. 에스프레소는 가압 추출되기 때문에 표면에 '크레마'라고 하는 거품층이 생긴다. 또한 에스프레소는 오늘날 전 세계에 퍼져 있는 커피숍 열풍을 일으킨 최대 공헌자라고도 할 수 있겠다. 에스프레소는 굉장히 세심한 주의를 요구하는 까다로운 음료인데, 바로 이 점이 에스프레소의 낭만이자 매력이기도 하다. 에스프레소 머신을 발명한 것은 이탈리아라는 것이 정론으로, 덕분에 이탈리아의 에스프레소는 오랫동안 그 기준이 되었다. 오늘날에도 마찬가지이지만 예전에는 특히 더욱 명확하고 엄격한 기준으로 에스프레소의 수준을 평가했다고 한다. 예를 들면 크레마의 이상적인 모양, 25초라는 '올바른' 추출 시간, 음료의 '적절한' 양에 대한 기준 등이다. 최근에는 원두의 특성에 맞춰 에스프레소를 추출하는 규칙이 달라질 수 있다는 인식이 확산되면서 이 기준은 조금 느슨해졌다. 분명 긍정적인 변화이지만 과연 어디까지를 에스프레소로 볼 것인가라는 문제가 발생한다. 에스프레소 머신을 이용하여 필터 커피처럼 장시간 추출했을 때 굉장히 맛있는 커피를 얻기도 한다. 개인적으로 에스프레소라면 농축 커피여야 한다고 본다. 농도 7% 이하의 커피는 에스프레소가 아닌 다른 음료이다. 맛있고 좋은 커피일 수는 있지만, 에스프레소는 아닌 것이다.

Ethiopia 에티오피아   ORIGIN

→ *Terroir*, 220쪽
→ *Variety*, 234쪽

에티오피아는 보통 커피의 발생지로 불리는데, 이는 지극히 마땅한 이야기다. 아주 엄밀히 따지자면, 아라비카종의 기원에 대해서는 의견이 갈린다. 가장 유력한 후보지는 에티오피아와 예멘인데, 그중에서도 수없이 다양한 아라비카 자생종이 서식하는 곳은 에티오피아다. 덕분에 에티오피아산 커피는 다양한 개성과 향미 프로파일을 가진다. 에티오피아에서 생산되는 커피는 대부분, 아메리카 대륙에서 일반적으로 그렇듯이, 농장식 경작지에서 재배하지 않고 협동조합 체제로 커피를 기른다. 소규모 농업인들이 각각 소유한 작은 밭에서 수확한 커피열매를 섞어 중앙의 가공 공장에서 한꺼번에 처리하는데, 이런 식으로 수백 개의 밭이 협업하기도 한다. 에티오피아의 특정 공장에서 가공된 커피를 한 포대 구매하고, 같은 공장에서 난 커피를 또 한 포대 구매한다고 생각해보라. 이 공장에서는 서로 다른 밭에서 나온 커피가 각기 다른 시간에 가공되므로, 이때 커피는 가공 당시 협동조합의 어느 밭에서 납품되었느냐에 따라 임의적으로 달라진다. 예가체프 지역의 습식 커피는 강렬한 플로럴 향미와 차나 시트러스 노트를 가질 수 있다. 서부 에티오피아산 습식 커피는 보다 플로럴 향의 밀도가 높고 바디가 묵직하다. 이에 대비되는 시다모와 하라 지역의 건식 커피는 볼드한

초콜릿 향미와 농익은 과일향이 강하게 나타난다.

Eugenioides 유게니오이데스 SPECIES

로부스타종은 아라비카종의 하위 커머셜 등급으로 알려져 있으나, 로부스타 없이는 아라비카도 없었을 것이다. 로부스타는 아라비카의 조상격으로, 다른 종의 커피나무와 교배해 아라비카를 생산한 것이 바로 코페아 유게니오이데스Coffea eugenioides다. 이 품종은 음용 커피로는 거의 재배되지 않다시피 했으나 최근 들어서 약간의 주목을 받기 시작했다. 콜롬비아의 농업인 카밀로 마리산데는 지난 수년간 희귀한 품종으로 실험을 거듭해왔는데, 그가 사샤 셰스틱과 함께 월드바리스타챔피언십에 출품하여 우승한 수단 루메는 엘살바도르 라스누베스 농장에서 재배되었다. 바로 근처에 자리한 인마쿨라다 농장의 소규모 밭에서는 유게니오이데스를 매우 성공적으로 재배하고 있다. 인텔리젠시아 커피의 조프 왓츠는 미국브루어스컵US Brewers Cup 우승자 새라 앤더슨에게 이 커피를 블라인드 테이스팅으로 제공했다. 새라는 참으로 독특한 이 커피를 2015년 월드챔피언십에서 사용해 5위를 수상했다. 당시 개최지인 예테보리에서 이 커피를 맛볼 기회가 있었는데, 고급 아라비카 품종에서 흔히 기대하는 전형적인 시트러스 산미는 거의 없다시피 했다. 대신 단맛이 강해 마치 설탕을 넣은 것처럼 느껴졌다. 곡물의 특성을 느낄 수 있는 이 커피는 차茶 맛에 비교되기도 한다.

→ Arabica, 24쪽
→ El Salvador, 83쪽
→ Species, 208쪽
→ World Barista Championship, 245쪽

→ Barista, 29쪽
→ Espresso, 85쪽
→ Third wave, 224쪽

Europe 유럽   COFFEE CULTURE

유럽은 다채로운 커피 역사를 자랑한다. 대표적으로는 이탈리아의 에스프레소가 있다. 아침에 에스프레소를 한 잔 들이키고 하루를 시작하는 문화가 아주 보편화되어 있는데, 여기에 유럽 대륙에 걸친 커피하우스 문화 또한 빼놓을 수 없다. 오래 전부터 시작된 이 전통은 여전히 명맥을 유지하고 있다. 일반적으로 커피하우스는 조금 늦은 낮 시간에 영업을 시작하고 온갖 달콤한 간식을 커피와 함께 제공하는데, 그 자체로도 상징적인 음식이다. 커피하우스의 분위기는 아주 다양하다. 웅장하고 화려한 장식이 더해진 곳부터 아주 작고 아늑한 곳에 이르기까지 천차만별이다. 오스트리아 빈의 어느 화려한 카페에서 자허토르테 한 조각과 커피를 즐길 수도 있고, 파리 어느 카페의 테라스에 놓인 고리버들 의자에 앉아 블랙커피를 마시며 지나가는 사람들을 구경할 수도 있다. 흥미롭게도 유럽에서는 '제3의 물결' 즉 '서드웨이브' 커피의 유행이 다른 곳에 비해 덜하다. 적어도 최근까지는 그랬다. 열정으로 가득한 스페셜티 커피 현장은 유럽 전역(주로 대도시)에 속속 등장하고 있다. 스페셜티 커피와는 거리가 멀었던 지역에서 새롭게 커피에 대한 관심이 형성되고 열정적으로 확산되면서 오히려 더 역동적인 스페셜티 커피 문화가 만들어지는 현상은 무척이나 흥미롭다.

→ Barista, 29쪽
→ Ethiopia, 86쪽

Evenness 균일함   HARVESTING; ROASTING; BREWING

균일이라는 개념은 커피콩에서 커피잔으로 이어지는 여정의 많은 단계에 적용될 수 있다. 바리스타의 기술에 있어, 그리고 전반적인 커피 제조에 있어 균일함은 매우 중요하다. 원두 입자를 균일하게 갈고, 커피가 균일하게 쌓이도록 덜어내고, 물이 균일하게 커피가루에 닿도록 붓는 등, 커피를 내릴 때에 균일함은 우선적으로 고려되어야 할 사항이다. 로스팅에 있어서도

마찬가지다. 원두 한 알 한 알을 균일하게 로스팅해야 한다. 수확할 때는 또 어떤가. 커피콩을 평가하는 중요한 요소 중 하나는 생두의 크기와 모양이 일정한가이다. 이처럼 다양한 형태의 '균일함'은 높은 품질과 연관이 있지만, 또 반드시 그런 것만은 아니다. 2015년 월드브루어스컵World Brewers Cup에서 오드-스타이너 레프센은 커피의 개성을 끌어내고자 의도적으로 균질하지 않게 건조한 커피를 사용해 우승했다. 시몬 어베이 네키세Semeon Abbay Nikisse라는 에티오피아산 건식 커피였는데, 가공을 담당한 시몬 어베이의 이름을 따서 지은 것이다.

Extraction 추출 BREWING

→ Refractometer, 195쪽

'추출'한다는 것은 '압력이나 힘을 가하여 분리해서 뽑아낸다'는 뜻이다. 추출의 원칙은 커피를 내리는 모든 방식이나 커피 제조 과정에 있어 핵심적인 개념이다. 요약하자면, 모든 커피는 물을 사용해 분쇄한 커피콩에서 맛을 이끌어낸 것이다. 커피를 만드는 일의 매력과 좌절은 대부분 놀랍도록 복잡한 이 추출과정에서 기인한다. 원두에서 많이 뽑아내느냐 혹은 적게 뽑아내느냐에 따라 커피가 진해지거나 약해진다고 간주하는 것은 죄가 아니다. 다만 이러한 발상의 문제점은 화합물이 커피에서 추출되는 정도가 저마다 다르기 때문에 커피에서 더 많이 혹은 더 적게 추출하면 맛에 유의미한 차이가 발생한다는 것이다. 대체로 더 날카로운 산미나 과일 맛이 먼저 끌려나오고, 이후 깊고 무거운 맛이, 마지막으로 나무향과 쓴맛이 추출된다. 추출이 잘 된 커피는 이 요소들이 조화롭게 어우러지는 커피다. 커피업계에서는 굴절계라는 첨단기계를 사용해 커피의 농도를 측정하고 추출 정도를 가늠한다. 그러나 유감스럽게도 이 기계가 제공하는 측정값만으로는 모든 것을 알 수 없다. 분쇄입자의 균질성, 수압, 온도 등의 여러 변수가 적절한 추출도와 그 방법을 결정하기 때문이다. 일반적으로 이상적인 추출 수율은 20% 정도라고 한다. 이 말인즉슨, 사용된 커피의 20% 정도만이 물에 녹아나오고, 나머지는 음식물 쓰레기통에 버려진다는 뜻이다. 결국 커피의 품질을 결정하는 것은 맛이므로, 이 퍼센티지는 음료에 따라 다르겠지만, 일반적으로 가늠하기에는 괜찮은 수치. 인스턴트커피의 세계에서는 초고온 추출과 반복 브루잉을 통해 추출 수율을 최대치로 끌어올린다. 이렇게 하면 추출 수율은 60%까지도 올라가는데, 그런 의미에서 인스턴트커피는 세상에서 가장 효율적인 커피 제조 공정이기는 하다. 다만 가장 좋은 공정이 아닐 뿐이다.

→ C market, 47쪽
→ Third wave, 224쪽

Fair trade 공정무역   CERTIFICATION

스페셜티 커피 세계, 그리고 전 세계의 서드웨이브 커피숍이나 로스터에서는 공정무역인증서를 거의 볼 수 없다. 공정무역인증이라는 제도 자체가 커머셜 등급의 원두를 취급하는 C마켓의 변동으로부터 농부들을 보호하기 위해 생긴 것이기 때문이다. 커피의 품질에 따라 시장가의 두 배까지도 가격이 오를 수 있는 스페셜티 커피 업계에서 공정무역인증은 별 의미가 없다. 그런데 커머셜 등급 시장에서도 역시 이 인증 제도에는 장단점이 있다. 공정무역 농부들이 언제나 최소한의 생산비용에 상응하는 가격을 받을 수 있다는 점에서 공정무역의 기본 취지는 실현된다. C마켓이 요동치면 시장가는 때때로 농부들이 본전치기도 못할 정도로 낮게 책정되기 때문이다. 반면, 한 연구에 따르면, 일부 시장이 침체되어 있을 때 공정무역 계약이 이루어지면 나중에 시장가격이 올라도 그로 인한 이득을 누리지 못할 수도 있다고 한다. 복잡한 문제이지만, 공정무역이라는 제도 자체는 상업 커피 시장에서 실질적인 차이를 불러올 수 있으므로 그 취지는 지지하는 바이다. 흥미롭게도 2011년 국제공정무역과 미국공정무역은 대규모 단체와도 협력할 것인지 혹은 소규모 협동조합에 국한해 협력할 것인지를 두고 갈등한 끝에 갈라섰다.

→ Carbonic maceration, 53쪽
→ Natural process, 162쪽

Fermentation 발효
PROCESSING

인간은 신석기시대부터 발효를 통해 술과 절임류를 생산해왔다. 발효란 미생물의 대사를 통해 당류를 분해하여 산, 가스, 알코올 등을 만들어내는 작용이다. 넓은 의미로 미생물의 생장을 설명할 때 이 용어를 쓰기도 한다. 발효 작용은 맛을 극적으로 변화시킬 수 있기 때문에 무척 흥미로운 주제다. 온도, 시간, 사용된 당류와 세균의 종류 등 여러 요소로부터 서로 다른 결과물이 만들어진다. 커피 생산자들은 가공과정에서 커피를 어떻게 발효할지에 대한 방법을 두고 끊임없이 실험하고 있으며, 이미 알고 있는 과정과 환경 조건이라도 더 깊이 이해하고자 연구를 지속한다. 발효작용은 커피맛을 더 좋게 만드는 힘이 있다. 산미나 바디, 단맛을 긍정적으로 변화시킬 수 있기 때문이다. 그러나 과하게 발효가 이루어지면 커피의 개성과 품질을 떨어뜨릴 수 있다.

→ Nordic, 165쪽
→ Third place, 223쪽

Fika 피카
COFFEE CULTURE

'커피와 케이크'를 뜻하는 이 스웨덴어는 커피 브레이크 또는 애프터눈티와 비교할 수 있는 개념이지만, 실은 스웨덴만의 고유문화이기도 하다(핀란드에도 비슷한 게 있다). 이 일상의 의식은 직장에서 특히 중요한 의미를 갖는데, 맛있는 커피 한 잔과 파이 등을 먹으며 중대한 사안들을 논의하고 교류하기 때문이다. 피카브뢰드(fikabröd, 일명 피카빵)라고까지 불리는 시나몬 번은 특히 인기 있는 간식이다. 피카는 원래 커피를 마시는 시간이지만 오늘날에는 차나 주스를 마시기도 한다.

Filter 필터

61쪽 Chemex™ 참고.

Fines 미세분

115쪽 Grinding 참고.

First crack 1차 크랙   ROASTING

→ Development, 77쪽

향기, 소리, 커피콩이 요동치는 모습, 열기…… 로스팅 과정은 감각을 자극하는 요소들로 가득하다. 특히 커피 입문자에게 있어 인상적인 첫 경험은 1차 크랙 소리를 듣는 것일 테다. 팝콘 튀기는 소리와 비슷하다는 의견이 있는데, 개인적으로는 팡 터지는 소리보다는 탁탁 부딪치는 소리에 가깝다. 크랙이라는 명칭은 원두에 가해지는 물리적 과정에서 기인했다. 콩 표면에 금이 가면서 깨지고, 열린 틈으로 안에 갇혀 있던 수분이 빠져나가면서 두 배 가까이 커진다. 이 시점에서 생두는 밝은 갈색으로 변하고 에너지를 받아들이기보다는 내보내는 단계에 있다. 커피 내부에 가스가 차오른다고 신호를 보내는 2차 크랙도 있다. 커피콩이 분해되기 시작하고 기름기 도는 짙은 색으로 변할 때쯤 나타난다.

Flat burr 플랫 버   GRINDING

→ Roller grinder, 199쪽

원두를 커피가루로 분쇄하는 작업은 다양한 기구를 사용해 여러 방법으로 할 수 있다. 그중에서도 가장 많이 활용되는 방식이 플랫 버와 코니컬 버이다. 두 방식 모두 맞물린 부품 두 개가 서로 가까워졌다가 멀어지는 것을 반복하면서 커피콩이 들어있는 공간의 부피를 변화시켜 분쇄하는 시스템이다. 플랫 버 식 그라인더는 제조사에 따라 분쇄 원두의 특징이 매우 다르게 나타난다. 분당회전수(rpm), 원두를 넣는 방식, 칼날의 재질, 직경, 날이 깎인 모양 등 세밀한 요소에 따라 그라인딩 스타일이 달라지기 때문이다. 어찌되었든 모든 버 그라인더는 과일을 착

즙하듯 칼날을 회전하며 커피콩을 마구 난도질해서 아주 들쑥날쑥한 커피가루를 만드는 블레이드 글라인더보다 훨씬 성능이 좋다. 에어 그라인딩이나 롤러 그라인딩 같은 여러 기술이 나와 있지만, 이 그라인딩 공법들은 고가의 기계를 필요로 한다. 그라인딩에 대한 우리의 이해를 돕고 사용하는 도구를 발전시키기 위해 연구가 활발히 추진되고 있다.

Flat white 플랫화이트 DRINK TYPE

누가 처음 플랫화이트를 만들었을까? 이 질문에 대한 확답은 영원히 얻을 수 없을테다. 그래도 호주나 뉴질랜드 지역에서 시작된 것만은 분명하다. 그렇다면 다음 질문, 플랫화이트란 과연 무엇일까? 일단 에스프레소와 스팀밀크가 들어간 비교적 진한 커피라고 할 수 있다. 흔한 커피 음료라면 다 그렇듯 디테일은 만드는 사람마다 조금씩 다르다. 흔한 레시피는 이런저런 방식으로 해석되고 그중 몇몇 해석은 특정 전문가나 애호가들에 의해 절대적인 신조가 되어버린다. 내게 가장 익숙한 방식으로 플랫화이트를 정의하자면, 6온스 컵에 에스프레소 더블샷과 비교적 거품이 고르게 만들어진 스팀밀크를 넣어 만든 음료라고 할 수 있다. 전통적인 카푸치노는 비교적 양이 적고 진한 스팀밀크 음료였지만, 오랜 시간을 지나며 스팀밀크의 비율이 점차 커졌고 오늘날 일부 국가에서 카푸치노는 우유 거품이 조금 많은 라떼와 동의어가 되어버렸다. 플랫화이트의 인기요인은 진하고 강한 맛에 있으며, 커피 소비자들이 시장을 지배하는 대용량 음료에 저항하고 커피 그 자체에 집중하기 시작하면서 전 세계 커피숍에서 흔히 찾아볼 수 있는 메뉴가 되었다.

→ Espresso, 85쪽

→ Body, 37쪽

Flavor notes 플레이버 노트   TASTING

상품 패키지에 적혀있든 혹은 대화에서 언급되든, 향미의 특성이나 플레이버 노트의 나열은 커피 입문자에게 약간의 장벽처럼 느껴진다. 우선, 무엇인가를 맛보면서 분석하는 일은 어렵기도 할뿐더러 특수한 경험을 거쳐 얻을 수 있는 능력이다. 게다가 플레이버 노트에 있어 완벽한 정답이란 없다. 사람들은 향미 노트를 기정사실화하여 묘사하지만, 실은 꽤나 주관적인 사항이기 때문이다. 커피의 몇몇 요소들은 다른 요소보다 객관적이고 다수의 공감을 얻기도 쉽다. 바디, 입에 닿는 느낌, 커피의 전반적인 스타일 등이 그렇다. 예를 들어 우리는 어떤 커피가 가볍고 향긋한지, 아니면 묵직하고 달콤한지에 대해 쉽게 공통의 결론을 내릴 수 있다. 여느 미식 영역과 같이 여기서도 풍부한 경험이 핵심이다. 많은 커피를 맛보고 커피가 제공할 수 있는 향미의 범위를 이해한 다음, 이러한 맛 경험에 이름을 붙이고 언어를 더하는 훈련은 플레이버 노트를 인식하고 설명하는 능력을 길러줄 것이다. 향미를 말로 표현하고 다른 사람들과 의견을 나누며 기준점을 형성하는 것은 유용할 뿐만 아니라 즐겁고 흥미로운 일이다. 2016년에 갱신된 스페셜티 커피 플레이버 휠도 있는데, 커피의 긍정적이거나 부정적인 향미를 묘사할 때 업계에서 통용되는 표현들을 잘 설명해준다. 커피처럼 글로벌한 업계에서 공통분모를 형성할 수 있도록 하는 평준화된 표현들은 매우 중요하다.

→ Flat burr, 99쪽
→ Full immersion, 109쪽

Flow rate 추출 속도   BREWING

추출 속도는 보통 시간과 연관한 말이다. 간단히 말해 물이 커피를 통과해 잔에 모이기까지 걸리는 시간을 가리킨다. 추출 속도와 상관없는 방식은 완전 침출식 정도이다. 완전 침출식 역시 시간을 재기는 하지만 이 경우에는 커피가 완성되기까지

물에 잠겨 있어야 하는 기간을 가리키는 '침출 시간'이라는 용어를 쓴다. 추출 속도는 에스프레소를 내릴 때 가장 큰 영향을 미친다. 에스프레소에서 물의 유속은 분쇄 원두의 입자와 직접적으로 연관되기 때문이다. 커피가 곱게 갈려 있으면 물이 통과하기 어렵고 따라서 추출 시간은 길어진다. 반대로 입자가 거칠게 갈린 커피는 입자간 공간으로 물이 쉽게 통과하여 추출 시간이 빨라진다. 푸어오버 방식에서도 분쇄는 추출 속도에 영향을 미친다. 커피 브루잉의 다른 모든 요소처럼, 추출시간은 커피 추출의 큰 틀에서 고려되어야 하므로 절대적인 규칙을 정립하기는 어렵다. 완벽한 에스프레소는 25초 동안 추출한다는 말을 들어본 적 있는가? 이것은 간단히 말해 정답이 아니다. 커피와 그라인더의 특성, 그리고 레시피에 따라 최적의 결과를 얻기 위한 추출 속도에는 큰 차이가 있을 수 있다.

Flower 꽃

37쪽 Blossom 참고.

Freezing 냉동   STORAGE

커피를 최대한 오래 신선하게 보관하려면 '냉동실에 커피를 넣어 두라'는 가사 팁을 흔히 듣는다. 그러나 이 조언이 무조건 옳은 것은 아니다. 우리는 많은 종류의 음식물을 냉동 보관한다. 커피를 냉동 보관할 경우 커피 안의 수분이 팽창해서 그 품질이 떨어지는 것은 아닐지 의문이 제기된다. 그에 대한 내 답은 '그럴 수도'이다. 어떤 음식물이든 그 안의 수분이 얼 때 세포벽이 파괴된다. 토마토처럼 수분 함량이 높은 과채를 얼렸다가 녹이면 으깬 것처럼 퍼져 버리지 않는가. 생두는 수분 함량이 11% 정도이다. 토마토의 수분 함량이 94%라는 것을 고려하면 크게 염려할 부분은 아닐 수도 있다. 로스팅된 원두는 수분

→ Extraction, 92쪽
→ Flat burr, 99쪽
→ Grinding, 115쪽

함량이 그보다도 적고, 따라서 수분 함량이 문제가 될 가능성은 거의 없다. 생두를 냉동 보관하는 것은 생두에서 '오래 묵혀둔 맛'이 나는 것을 상당히 성공적으로 방지한다. 한편, 지금까지 오래된 커피는 당연히 상할 것이라고 생각되어 커피 세계에서는 전혀 고려되지 않았던 빈티지 연도라는 개념에 대해 생각할 수 있게 해준다. 학계의 최신 연구에 따르면, 로스팅된 원두를 얼렸다가 녹이면 깨지기 쉽고, 또 원두의 온도에 따라 그라인딩 결과물이 달라진다고 한다. 이를 생각해보면 왜 커피숍에서 같은 날이라도 시간이 지날수록 커피 추출이 변화하는지를 알 수 있다. 시간의 흐름에 따라 장비와 도구의 온도가 달라지기 때문이다. 냉동 원두는 쉽게 휘발되는 향미 물질을 오래 유지할 수 있기에 커피 맛이 좋아진다. 그러나 중요한 것은 밀폐 포장하여 최대한 산소를 차단한 상태에서 냉동하고, 또 사용할 때는 원두에 수분이 몰리기 전 아직 얼어있는 상태에서 분쇄해야 한다는 점이다.

→ Full immersion, 109쪽

French press 프렌치프레스 BREWING

카페티에르Cafetière나 플런저Plunger라는 명칭으로도 잘 알려진 프렌치프레스는 널리 사용되는 전통적인 추출 도구다. 프렌치프레스는 기본적으로 분쇄 원두를 물에 담그고, 커피가 우러나면 금속망 필터를 내려서 크러스트와 침전물 대부분을 비커 아래로 내려 보내고, 마지막으로 커피를 따른다. 금속망 필터는 꽤 거친 편이라 만들어지는 커피는 침전물이 많이 담긴 볼드하고 향이 진한 커피가 된다. 만약 침전물의 맛을 그다지 좋아하지 않는다면 필터를 내리기 전 커피 표면에 형성된 크러스트를 떠낸다. 한편, 프렌치프레스는 커피가 너무 일찍 가라앉아서 물이 커피에 거의 닿지 못한다는 문제가 발생할 수 있다. 이를 피하려면 침출하는 동안 그저 커피를 한 번 저어주자. 개인적으로는, 언제나 크러스트를 떠내기는 하지만, 프렌치프레스가 단

순하면서도 훌륭한 커피를 추출할 수 있는 도구여서 매우 좋아한다.

Fresh crop 프레시 크롭　　　　　　　　　HARVESTING

커피를 수확한다는 것은 기본적으로 열매를 얻는 과정이다. 다른 것과 같이 커피체리도 꽃을 피우고 나서 열매를 맺으며, 따라서 연중 시기마다 기후와 계절에 따라 수확 일정이 있다(경우에 따라 없기도 하다). 고품질 커피의 경우 커피체리가 열리고 나서 수확하기까지 9개월 정도가 걸린다. 몇몇 생산국에서는 이 수확 적기까지가 매우 짧지만, 또 다른 곳에서는 몇 개월에 걸쳐지기도 한다. 케냐와 콜롬비아는 수확기가 두 번 있다. 커피 열매는 대개 수작업으로 수확되기 때문에 농장에서는 수확기가 되면 일꾼을 많이 필요로 한다. 적도를 사이에 둔 두 지역은 수확기가 달라 스페셜티 커피 소비 패턴도 달라진다. 로스터와 소비자들이 최선의 맛을 추구하는 과정에서 햇작물로 옮겨가기 때문이다.

→ Colombia, 66쪽
→ Kenya, 141쪽
→ Past crop, 178쪽

Full immersion 완전 침지식　　　　　　　　BREWING

여과식 추출법은 그 종류가 무수히 많아서 관련 도구를 다 모으려면 당신의 부엌 찬장을 다 채우고도 남을 것이다. 각각의 방식에는 차별점이 존재하지만, 넓게 보면 모든 여과식 추출법은 '완전 침지식'과 '푸어오버'의 두 갈래로 나눌 수 있다. 완전 침지식은 물과 커피를 섞어 일정 시간을 두고 '우러나게' 한다. 푸어오버는 물이 커피를 통과하여 흐른다. 전자의 경우 추출 시간 동안 물과 커피가 계속 한데 있는 반면, 후자는 추출의 각 단계에 따라 물이 조금씩 나누어 커피에 닿는다. 개인적으로는 다양한 여과 방법에만 포커스를 맞추는 것에 일말의 짜증을 느낀다. 어떤 방식이든 깊은 이해를 바탕으로 제대로 수행된다면

→ Aeropress, 19쪽
→ Cupping, 71쪽
→ French press, 107쪽

훌륭한 커피 음료를 충분히 만들 수 있다. 제조방식보다는 산지, 로스팅, 물 등의 요인이 음료의 수준에 더 큰 영향을 끼친다. 물론 말은 이렇게 해도, 각각의 방식 사이에는 주요한 차이가 있는 것도 사실이긴 하다. 각 방법의 원리와 구조, 예컨대 필터의 재질(페이퍼인가 금속망인가)이나 음료를 따라내는 요령 등은 분명 음료에 영향을 끼친다. 예를 들어 프렌치프레스를 생각해보자. 일반적으로 커피 가루가 바닥에 침전하여 물에 충분히 닿지 못하는 문제가 있다. 반면 에어로프레스는 물이 시스템 밖으로 나가기 위해서 커피를 통과해야만 하므로 이런 문제가 없다. 또한 완전 침지식의 경우 푸어오버에 비해 대체로 일관적인 결과를 낸다고 볼 수 있지만, 마지막 단계에서 커피 가루가 물을 머금고 있게 되어 완성되는 커피의 양이 보다 적다.

Gear 장비   BREWING

많은 영역에서 장비에 대한 매료와 집착을 엿볼 수 있다. 각종 부품이나 장비에 열중하는 마니아들을 일컫는 기어헤드gearhead는 자동차 애호가들 사이에서 탄생했지만, 커피 제조, 특히 에스프레소 추출 세계에도 이 기어헤드들이 포진해있다. 인터넷의 커피 애호 포럼에 접속해 한번 둘러보라. 아름다운 설비와 신기한 도구를 발견해 이를 소개하고, 그라인더의 모터 속도나 흐름제한장치, 혹은 샤워스크린 사용 여부 등을 두고 치열한 갑론을박이 이루어지는 것을 볼 수 있다. 커피 관련 장비는 클래식하고 기초적인 것부터 최첨단의 기술력을 자랑하는 고도 설비까지 다양하다. 그 어느 때보다 커피의 품질을 강조하는 지금, 아주 작은 변수도 의미 있게 느껴진다. 나는 가끔 이런 경향을 F1에 비교한다. 일상생활에서 0.5초는 아무것도 아니지만, 트랙에서는 엄청난 차이를 불러오는 것과 비슷하지 않은가.

Geisha 게이샤   VARIETY

잘 알려진 일본의 전통 기생 문화와는 관련이 없다. 게이샤(혹은 게샤)는 에티오피아에서 이 품종이 가장 널리 재배되던 지명을 따서 붙여진 이름이다. 다른 나라에서도 재배되기는 한다.

→ Ethiopia, 86쪽
→ Panama, 175쪽
→ Variety, 234쪽

게이샤가 최고의 커피로 대접받기 시작한 것은 1960년대 파나마로 유입되기 시작하면서부터다. 길쭉한 잎을 가진 이 우아한 식물은 수확량이 적고 그 진가를 발휘하기 위해서는 반드시 이상적인 조건이 마련되어야 한다. 향미 프로파일은 미대륙산 커피보다는 에티오피아산 고급 커피에 비교하는 게 적절하겠다. 뛰어난 게이샤 커피는 무척이나 향기롭고, 다층적인 플로랄 노트와 과일의 단맛이 균형 잡힌 산미를 가지고 있다. 여러 나라에서 게이샤 재배를 시도했는데 성공 여부는 제각각이다. 최상급 밭에서 나온 게이샤 커피는 프리미엄이 붙고 전 세계 어떤 커피보다도 비싸게 팔린 적이 많다. 게이샤의 성공을 둘러싸고 약간의 이견이 있는데, 한 가지 품종에만 관심이 쏠리는 것은 좋지 않다는 것이 첫 번째, 게이샤 품종의 뛰어난 품질은 그 맥락을 이해하는 훈련된 시음자만이 알아차릴 수 있다는 것이 두 번째다. 어느 정도 사실이지만, 나는 고품질 게이샤를 마실 때마다 언제나 깜짝 놀라고는 한다. 마셔본 중 가장 마법 같은 음료들이 적지 않게 게이샤 품종이었고, 블라인드 테이스팅에서도 게이샤 커피는 심심치 않게 무척이나 훌륭하다는 평가를 받는다.

→ Barista, 29쪽

God shot 신의 한 샷   ESPRESSO

"에스프레소를 내리면 대체로 맛이 별로인데, 아주 가끔 대박을 칠 때가 있어요. 웃긴 것은 그 이유를 모른다는 거예요." 종종 이런 식으로 '신의 한 샷'을 주장하는 사람들이 있다. 이 낭만적인 발상은 매우 멋지긴 하지만 동시에 문제가 되기도 한다. 커피는 수확 작물로 같은 밭에서 나온 커피라도 수많은 개별의 커피콩이 섞여 있어 본질적으로는 일관적이지 않다. 이러한 발상은 에스프레소 제조를 어둠의 마법처럼 표현해 비일관성과 낮은 품질의 커피가 마치 우연의 산물이라는 인상을 준다. 지난 10년 간 커피업계를 휩쓴 분석적 사고, 과학적 연구,

기술진보의 파도는 이 신의 한 샷의 개념을 조금씩 희석시켰다. 정제되지 않은, 영감에 집중하는 장인의 공정보다는 사용된 커피 자체의 특질과 향미에 집중하는 추세다. 커피 세계에 과학을 접목하고 보다 일관적인 고품질 커피 제조를 지향하는 방식에 저항하는 사람도 있다. 이들은 과학적 접근이 커피 자체에 내재된 기술적 측면과 특유의 마법을 깎아내려 커피 고유의 특별함을 훼손한다고 본다. 이에 대해 반론하자면, 우리가 훌륭한 커피를 보다 많이 안정적으로 생산할 수 있다면 더 많은 사람들을 커피의 세계로 끌어들여 그 잠재력과 낭만을 증폭시킬 수 있을 것이다.

Green 생두

UNROASTED COFFEE

→ C market, 47쪽
→ Freezing, 104쪽
→ Silver skin, 204쪽

"생두가 얼마나 오래됐어요?", "생두는 얼마인가요?" 업계에서 생두(혹은 그린 커피)라는 말을 표현하는 방식이다. 커피 세계에서 생두는 로스팅 이전의 커피를 일컫는 말이며, 우리가 음용할 때는 그렇지 않지만, 커피 무역 시장에서는 커피를 생두 형태로 판다. 커피 열매를 수확하여 체리와 내과피인 파치먼트를 제거하면 생두가 남는다. 이 단계의 생두는 일반적으로 녹색빛깔을 띠기 때문에 그린 커피라고 부르는 것이다. 커피콩의 구체적인 색깔은 품종과 가공법에 따라 다를 수 있는데, 어떤 생두는 노란색을 띠기도 한다. 흥미로운 점은 우리가 생두의 품질과 로스팅의 수준을 별개로 논한다는 것이다. 예를 들어, 훌륭한 생두를 형편없이 로스팅할 수도 있고, 애매한 생두를 매우 잘 로스팅했을 수도 있다. 이러한 차이를 맛으로 구별하려면 훈련이 필요하다.

Grinding 그라인딩

PROCESSING

→ Freezing, 104쪽

커피 그라인딩은 매우 단순하지만 동시에 무척 복잡한 작업이다. 단순하게는 커피를 그저 작은 입자로 쪼개는 과정일 뿐이다. 그러나 더 깊이 들어가면, 그라인딩은 상이한 온도에서 각자 다른 형태와 크기를 가진 커피 입자가 다양하게 분포되도록 변화시키는 행위다. 하나의 세계를 그 세부 사항에 집중하여 관찰하는 좋은 예라 하겠다. 커피를 완벽히 균질하게 쪼개기란 불가능하므로 모든 그라운드 커피는 서로 다른 입자가 섞인 혼합물이다. 입자분석기 같은 첨단기술 장비를 사용하면 조각들을 몇 개의 크기로 구별할 수 있는지, 그리고 크기별로 조각들이 몇 개씩 들어있는지를 알 수 있다. 비교적 작은 가루는 미세분fines, 가장 큰 입자는 (물론 상대적으로 말해) 바위boulders라고 한다. 미세분은 100미크론보다 작은 커피 입자라고 정의한다. 1미크론은 백만 분의 일 미터이므로 말도 안 되게 작은 것이다. 예를 들어, 안개 속 물방울의 크기가 10미크론정도 되고 일반적인 종이 한 장이 100미크론 두께다. 입자가 고울수록 물에 그 맛이 많이 우러난다.

Grooming 그루밍　　　　　　　　　　　　　　ESPRESSO

바스켓에 담은 분쇄 원두를 탬핑하여 포터필터에 삽입하기 전에 약간 움직여주는 행위이다. 그루밍의 목적은 바스켓에 커피가 균일하게 담기도록 퍼트려서 고르게 분포된 커피베드를 만들고, 따라서 물이 커피 가루 전체에서 균일하게 맛을 이끌어낼 수 있도록 만들어주는 것이다. 그루밍 기법에는 여러 가지가 있다. 오랜 시간 동안 프로 바리스타들은 스톡플레스 기법을 연마했다. 검지와 엄지를 사용해 한 바퀴 돌리며 커피를 둥글게 고르는 작업이다. 동서남북 기법은 검지로 커피 가루 표면을 사방으로 고른다. 두 방법 모두 요즘은 덜 쓰이는 추세다. 모래와 시멘트로 공사를 할 때 가장 효율적인 레벨링(땅고르기) 기술은 진동인데, 이와 같이 바스켓을 간단히 종횡으로 두드려주는 것만으로도 효과를 볼 수 있다. 또한 이 방법을 사용하

→ Barista, 29쪽
→ Espresso, 85쪽
→ Extraction, 92쪽
→ Portafilter, 182쪽
→ Tamping, 219쪽
→ World Barista Championship, 245쪽

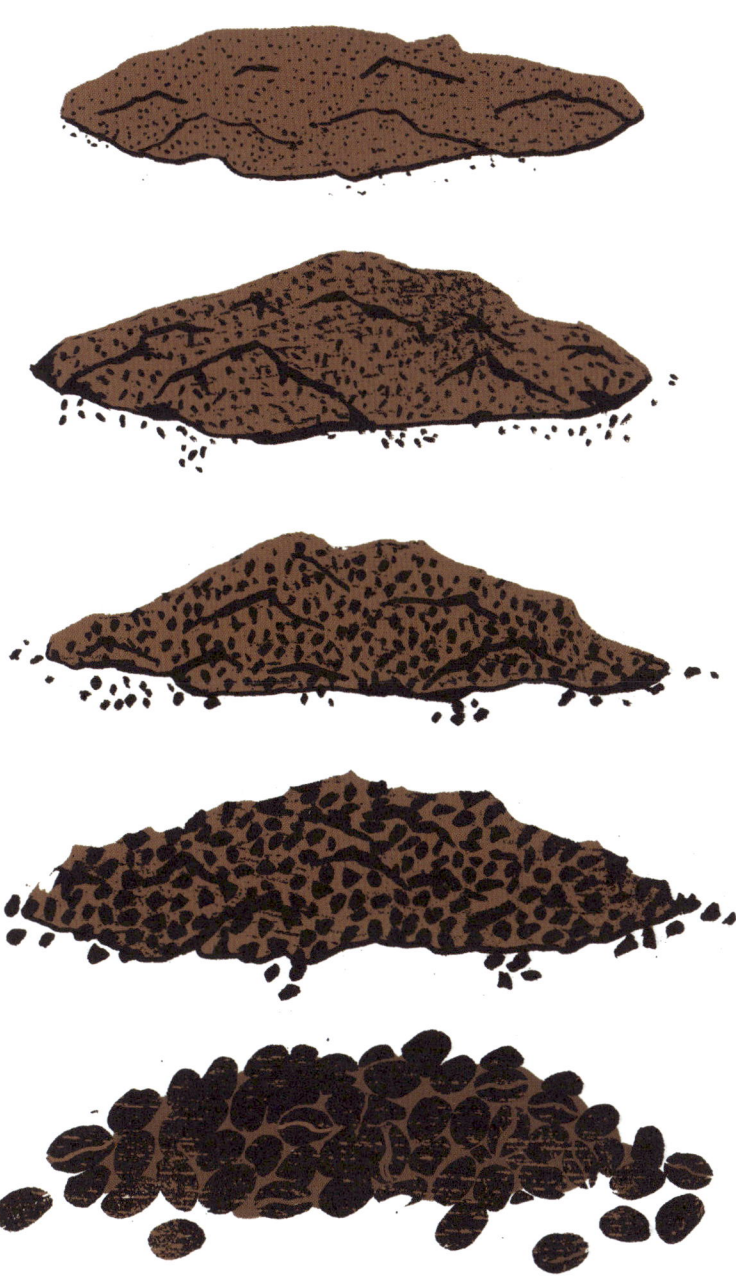

면 일하기 바쁜 바리스타가 하루 종일 손에 갈색 가루를 묻히고 다니는 일을 예방할 수 있다. 그루밍을 위한 전용 도구도 만들어졌다. 월드바리스타챔피언십의 우승자 사샤 셰스틱이 만든 오나 커피 분배기Ona Coffee Distributor; O.C.D.는 원반에 프로펠러가 달린 모양새인데, 포터필터 위에 놓고 회전시키면 커피가 고르게 분포된다.

Guatemala 과테말라   ORIGIN

→ Leaf rust, 146쪽

과테말라는 고급 커피로 유명한, 중앙아메리카의 최대 커피 생산국 중 하나다. 지리적으로 볼 때 중앙아메리카 북부에 위치, 국토 대부분이 고지대인 엘살바도르와 국경을 맞대고 있는 이 나라는 인접국과 사정이 비슷해서 커피가 중요 수출 품목이다. 과테말라에는 커피 재배지역이 여럿 있지만 가장 유명한 것은 아무래도 안티구아일 것이다. 이 지역에서 생산되는 원두는 아주 훌륭한 커피 음료를 만들 수 있지만, 오랜 전통을 가진 커피 재배지가 으레 그렇듯 가격이 높은 편이다. 후에후에테낭고 역시 스페셜티 업계에서 자주 눈에 띄는 지명인데, 이곳에서도 정말로 멋진 커피가 재배된다. 그레이트과테말라 지역의 커피는 산뜻하고 복잡한 과즙을 머금고 있으며 초콜릿 향미가 무게중심을 잡는다. 그러나 유감스럽게도 최근 들어 과테말라산 작물은 녹병으로 엄청난 피해를 입었다.

Gustatory 미각   TASTING

→ Body, 37쪽
→ Olfactory, 169쪽
→ Super taster test, 216쪽
→ Umami, 229쪽

우리가 무엇인가를 먹거나 마실 때는 입안에 음식물을 넣고 맛을 본다. 이를 전문 용어로 미각이라고 하는데, 다시 말해 입안에서 느껴지는 맛과 관련한 경험을 일컫는다. 다만 맛을 느낀다는 것은 입과 코의 합작이라서 우리가 '맛'이라고 생각하는 것이 오히려 후각과 더 관련이 있을 때도 많다(혀가 느끼는 5대

미각, 즉 단맛, 신맛, 짠맛, 쓴맛, 감칠맛을 들어본 적 있을 것이다. 과거에는 혀의 어느 부분이 어떤 맛을 담당하는지를 표시한 혀의 맛지도가 자주 쓰였지만, 최근에는 이 생각이 틀렸다는 의견이 지배적이다). 입은 향기나 맛보다도 오히려 '식감'을 느끼는 데 더 큰 공헌을 한다. 톡 쏘는 맛, 부드러움, 매끄러움, 끈적함 등의 감각도 모두 미각체계에 포함된다고 할 수 있다. 정말로 특별한 커피를 마시는 경험은 입과 코 모두를 매료시킨다.

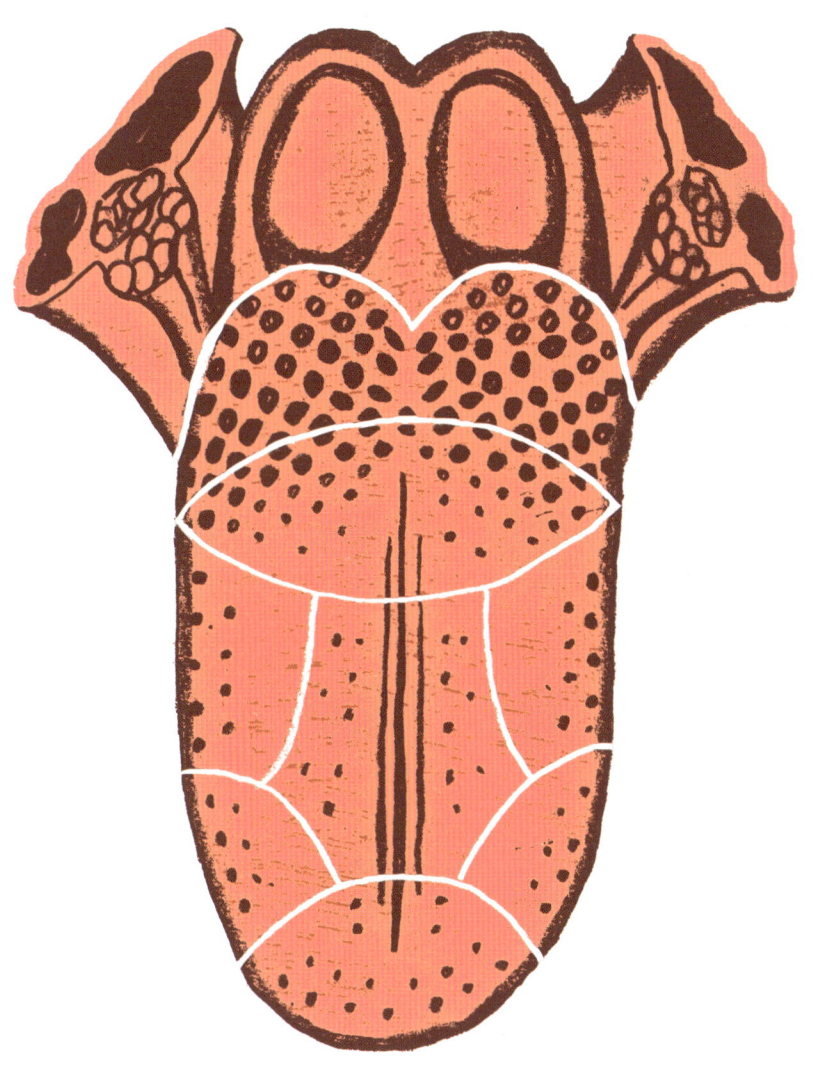

→ Brazil, 41쪽

Hawaii 하와이   ORIGIN

하와이산 코나 커피는 커피 업계에서 많은 찬사를 받는 이름이다. 그러나 이 커피를 스페셜티 업계에서 찾아보기란 어려울 것이다. 하와이는 보기 드문 제1세계 커피 생산지다. 따라서 하와이산 커피는 높은 인건비와 제반비용 때문에 다른 곳에서 재배된 비슷한 품질의 커피에 비해 상대적으로 비싸다. 높은 인건비 탓에 하와이는 커피에 자동화 기술을 접목하는 데 있어 선도자적 입장을 취해 왔고, 브라질의 유명한 커피 농장 다테라의 농학자도 하와이에 첨단 기술과 새로운 관점을 배우러 출장을 다니고는 했다. 다른 커피 산지에 비해 해발고도가 낮은 편인 하와이는 둥글고 부드러우며 복잡한 향미 프로파일을 가진 커피를 생산한다.

→ Espresso, 85쪽
→ Multi boiler, 157쪽

Heat exchanger 열교환기   BREWING

에스프레소 머신은 대체로 두 방법 중 하나를 차용해 커피를 추출하기 위한 물을 데운다. 발열체를 이용해 물을 데우는 두꺼운 금속 보일러(개중 가장 수준 높은 것들은 오차 1도 안팎으로 물을 데울 수 있다)나 열교환기 탑재가 바로 그것이다. 열교환기식 에스프레소 머신은 보일러에 가늘고 좁은 관이 내장되어 있다. 샷을 내릴 때면 이 관을 통해 신선한 물이 빨려 올라가고 이렇게 '늘어난' 물은 거의 즉각적으로 가열된다. 열교환기는 영리한 장치이지만 약간의 잠재적인 문제를 안고 있다. 한동안 추출을 하지 않으면 열교환기 내부의 물이 너무 뜨거워질 수 있다. 또한 열교환기는 애초에 매우 뜨거운 물을 열원으로 쓰기 때문에 에스프레소 머신을 반복해서 쓰는 중에 열원수의 온도가 낮아지면 커피용 물 역시 별로 데워지지 않을 것이다. 이탈리아의 에스프레소 머신 제조사인 라스파치알레La Spaziale는 물이 아닌 수증기를 이용하는 획기적인 열교환기를 특허 출원했는데, 이 방식은 보다 안정적으로 열에너지를 공급할 수 있다.

→ Green, 115쪽

Honduras 온두라스   ORIGIN

온두라스는 중앙아메리카의 커피재배지 가운데 비교적 신참이라고 할 수 있으나, 최근 들어서 중앙아메리카 최대의 커피생산국이 되었다. 개인적인 경험으로는 온두라스산 최고급 커피는 복합적인 과일향(가끔 열대과일향)과 산미가 매우 뛰어나다. 생두 도매업자들은 이 지역의 커피를 구매할 때 주의를 기울이는 편인데, 온두라스의 기후 조건이 커피 재배에는 뛰어날지 몰라도 수확 후 건조 과정에는 잘 맞지 않기 때문이다. 이것은 강수량에 기인하는 문제다. 커피를 제대로 건조하지 않으면 수확 직후에만 맛이 훌륭하고 이내 그 맛이 날아가버릴 수 있다. 점점 더 많은 온두라스산 커피가 스페셜티 커피 업계에 흘러들어가고 있는 상황에서 이러한 문제는 많은 이들의 주목을 끌고 있다. 어쨌든 온두라스는 꽤나 흥미진진한 커피 생산국이다.

→ Fermentation, 96쪽
→ Natural process, 162쪽
→ Silver skin, 204쪽
→ Washed process, 241쪽

Honey process 허니 프로세스   PROCESSING

앞서 말해두자면, 허니 프로세스는 꿀을 이용하지 않는다. 허니라는 명칭은 진짜 꿀이 아니라 커피체리의 끈적한 점액질 과

육을 가리킨다. 커피를 가공하고 건조할 때면 커피체리를 모두 남기는 내추럴(건식) 가공과 과육을 깨끗이 제거하는 워시드(습식) 가공 중 하나를 선택하게 된다. 허니 프로세스는 내추럴과 워시드 공법 사이 어딘가에 있는 가공법으로, 펄프드 내추럴 방식(pulped natural process; 세미 워시드 가공)과 본질적으로 같다. 허니 프로세스는 중앙아메리카에서 인기를 얻고 있으며 블랙, 레드, 옐로, 드물게는 화이트와 골드 등으로 세분화된다. 커피 생산지에 따라 이 용어들이 정확히 가리키는 것은 조금씩 다르지만, 일반적으로는 커피콩에 남겨두는 점액질의 비율, 혹은 점액질에 닿는 빛과 열의 양을 일컫는다. 빛과 열은 커피층의 깊이나 파치먼트를 뒤집는 빈도에 따라 조정될 수 있는데, 이런 요소들은 커피콩의 건조 속도나 그 사이에 일어나는 발효 정도에 또 영향을 미친다. 블랙 허니 프로세스는 점액질을 더 남기고 느리게 건조한다는 뜻이며, 이렇게 만들어진 커피는 묵직하고, 모난 곳 없이 둥글며, 부드러운 산미를 지닌 달콤한 커피가 된다. 블랙에서부터 레드, 옐로, 골드, 화이트 순으로 갈수록 남겨두는 점액질의 양이 줄어들고, 건조 시간을 빠르게 하거나 더 자주 뒤집어서 보다 산뜻하고 바디가 가벼운 커피를 만든다. 화이트 허니 프로세스가 무척 흥미로운데, 수압을 이용해 체리를 모두 제거함으로써 어쩌면 워시드 공법보다도 더 '과육이 배제된' 가공법이라고 할 수 있다.

Ibrik coffee 이브릭 커피

227쪽 Turkish coffee 참고.

Importing 수입   TRADING

→ Cupping, 71쪽
→ Defects, 73쪽

커피 제조 회사들은 커피를 자가 공급하거나 수입할 수 있다. 그러나 보다 흔한 방식은 전문 수입업자나 무역회사의 중개를 거치는 것이다. 커피를 구매하고 유통하며 보관하는 것은 대규모 작업으로, 커피를 자가 공급하는 것은 겉보기에도 멋진 스토리가 된다. 한편, 오래 전 스페셜티 업계의 규모가 작고 지금보다 불투명하게 사업이 이루어졌을 때, 자가 공급은 여러 규제를 회피하는 수단이기도 했다.

전문 수입업자와의 협업은 특히 품질을 중시하는 소규모 로스터들에게 이득이 된다. 화물선과 창고를 거쳐 커피를 지구 반대면으로 운송하다 보면 산지의 시음 테이블에서 맛보았던 커피의 맛과는 크게 달라지기도 한다. 직접 구매를 선택했다면 이런 위험을 감수해야만 한다. 수입업자들은 유통망에서의 전문 경험을 바탕으로 뛰어난 네트워크와 인맥을 구축하고 있으며, 부티크 커피 수입업자들은 이제 독특한 커피로 승부해야 한다는 것을 깨닫고 유행하는 스타일과 가공법에 발맞춰 커피를 공급하고자 한다. 이에 따라 수입업자가 주도하는 커피 행사나 대회도 늘어나고 있다. 그러나 직접 수급에도 이점은 있다. 희귀한 커피를 더 쉽게 확보할 수 있고, 말할 것도 없이 단가가 더 싸다.

Independent coffee shops

독립커피숍　　　　　　　　　　　　　　　　　　COFFEE CULTURE

독립커피신scene이라는 표현은 정의상 전 세계에 퍼져 있는 비非프랜차이즈 커피숍을 모두 포괄하므로, 그 수준과 스타일이 각기 다른 수많은 커피숍들이 여기에 포함된다. 그런데 이 용어는 점차 커피와 관련된 특수한 가치관을 지칭하는 말로 의미가 바뀌었다. 소위 서드웨이브 운동과 스페셜티 커피 운동이 바로 이 독립커피숍 문화에 뿌리를 두고 있기에 이는 말이 된다고 볼 수 있다. 그러나 개인적으로는 이 용어와 그것이 가진 의미가 이따금씩 거슬린다. 공들여 만든 커피에 별 관심이 없는 독립커피숍도 숱할뿐더러, 어쩌면 이쪽이 더 흥미로운데, 훌륭한 커피는 독립커피회사만의 소관이 아니기 때문이다. 커피 회사들이 어느 시점에서 더 이상 독립커피숍이 아니게 되는지는 애매한 문제이지만, 나는 품질에 중점을 두고 야심차게 성장하는 커피 기업들이 스페셜티 커피의 외연을 넓히는 모습을 분명하게 목격했다.

→ Third wave, 224쪽

→ Species, 208쪽

India 인도　　　　　　　　　　　　　　　　　　　　ORIGIN

인도는 여러 가지로 유명하다. 다양한 문화가 활발하게 섞여있고, 엄청난 역사를 자랑하며, 현대에는 급속 성장중인 근대 국가이기도 하다. 더불어, 분명 커피보다는 차로 더 유명한 나라이기는 하지만, 커피 생산도 적지 않게 이루어진다. 스페셜티 업계에서 인도는 고품질 로부스타를 생산하는 나라이다. 인도의 제반 조건은 아라비카 품종을 기르기에는 딱히 좋지 않다.

이는 명백한 사실이지만, 크리미한 바디와 유쾌한 스파이시 노트를 가진 아라비카를 생산하는 몇몇 소규모 밭도 있다. 몬순 말라바르는 인도 남서쪽 해안 지역인 케랄라에 자생한다. 오래 전에 커피는 목재 궤짝에 담겨 해로를 통해 유통되었다. 장마철에 뱃길을 따라 유통된 생두는 수분을 잔뜩 머금어 산미가 낮고, 약간은 먼지 냄새가 나며, 무척 둥근 바디를 가진 커피로 변모하고는 했다. 이러한 커피에 대한 선호가 발전하여 유통망이 개선된 다음에도 생두에 인공적으로 장마 환경을 제공함으로써 해로로 유통된 생두의 맛을 모사하려는 시도가 계속되었다. 산미와 미묘한 뉘앙스가 사라지기 때문에 상당히 호불호가 갈리는 프로파일이기는 하다. 그러나 이러한 커피에 대한 수요는 굳건하다.

→ Honey process, 124쪽
→ Kopi Luwak, 142쪽
→ Old Brown Java, 169쪽

Indonesia 인도네시아 ORIGIN

인도네시아 커피라 하면 흙과 향신료의 노트가 가장 먼저 떠오른다. 이는 주로 웻 헐링wet-hulling 혹은 길링 바사Giling Basah라고 부르는 인도네시아 고유의 가공방식 때문이다. 웻 헐링은 2단계에 걸친 공법이다. 커피체리를 대부분 제거하고 수분함량이 30~35%가 되도록 건조한다(일반적으로 수출용 커피는 12% 미만으로 완전건조된다). 이렇게 건조하는 동안 점액질은 제거하지 않는데, 이 점은 허니 프로세스와 비슷하다. 건조 이후에는 파치먼트를 포함한 모든 부분을 제거하고 콩만을 남긴 채 다시 건조한다. 이처럼 이른 단계에서 파치먼트를 제거하는 것은 흔치 않은 가공방식인데, 결과적으로 바디는 묵직해지고 산미는 낮아지는 효과가 있다. 완전습식 인도네시아산 커피도 있으며, 비교적 산미가 높은 편이다. 이 지역에서 나는 커피 중에는 코피 루왁이나 올드 브라운 자바와 같이 이국적인 스토리를 가진 것이 많지만, 개인적으로 으뜸은 풍부한 향미와 향신료 풍미를 가진 습식 커피라고 생각한다. 조금 더 둥근 인도네시

아산 커피는 산미를 낮추고 풀바디를 추구하는 에스프레소 블렌드에 자주 사용된다. 참고로 말해두자면 인도네시아산이라고 일컫는 커피에는 수마트라, 술레웨시, 자바 등의 다양한 지역과 섬에서 난 원두들이 포함된다.

Instant coffee 인스턴트커피   COFFEE CULTURE

→ Extraction, 92쪽
→ Freezing, 104쪽

인스턴트커피는 수용성 커피라고도 한다. 쉬운 말로 하자면 '물만 타서 마시는' 커피라는 뜻이다. 인스턴트커피의 기원은 18세기 후반 영국이라고들 한다. 그러나 처음으로 특허출원된 인스턴트커피는 뉴질랜드 인버카길 출신의 데이비드 스트랜드가 개발했다. 인스턴트커피 제조법은 큰 성공을 거두었다. 방법은 다양하지만, 기본 원리는 일단 커피를 만든 다음 수분을 모두 제거하는 것에 있다. 그러면 커피 가루만이 남는데, 여기에 물만 더하면 '짠!' 하고 순식간에 커피 한 잔이 완성되는 것이다. 인스턴트커피에는 상업적으로 다양한 이점이 있다. 보관 기간이 길고, 같은 양의 음료에 필요한 커피의 무게가 원두나 그라운드 형태보다 훨씬 가벼워 유통비용이 절감된다. 편리함과 간단함은 말할 것도 없다. 그러나 오늘날 '인스턴트'라 함은 품질을 포기하고 카페인의 각성 효과를 제공하는 데 주력하는 저가의 저질 커피를 일컫는 말로 변질되었다. 하지만 근래에 인스턴트커피에 대한 이러한 인상은 바뀌고 있다. 핀란드 바리스타 챔피언십을 두 번이나 우승한 칼레 프레제가 2016년에 창립한 서든 커피 Sudden Coffee는 고급 스페셜티 커피로 인스턴트커피를 제조 생산하는 데 주력하고 있다. 여기서 최대 난점은 향미를 보존하는 문제일 텐데, 칼레가 만든 인스턴트커피를 직접 마셔본 입장에서 나는 인스턴트커피로도 고급 커피의 개성과 향미를 실현할 수 있다고 본다.

→ C market, 47쪽
→ Producing, 186쪽

International Coffee Organization

국제커피기구　　　　　　　　　　　　　　　　TRADING

국제커피기구ICO의 본부는 런던 피츠로비아의 버너스 가에 위치해있다. 1963년 국제연합UN과의 협력을 통해 설립된 이 기구는 커피 생산국과 소비국 간의 협력 관계를 개선하기 위해 노력해왔다. 1960년대 후반부터 1990년대 초반까지 ICO의 주도하에 체결된 국제 협약은 시장 변동에 맞춰 커피 가격을 안정화시키려는 목적으로 쿼터 시스템을 도입했다. 기본적인 원리는 커피 수요보다 공급이 많을 때 커피 유통을 제한하고, 수요가 많을 때는 반대로 촉진하는 것이다. 오늘날 ICO는 예전만큼 커피 가격 안정화에 큰 역할을 하고 있지는 않지만, 영향력 있고 중요한 기구로서 회원국들 모두의 이익을 위해 커피 연구와 교육에 주력하고 있다.

→ Espresso, 85쪽
→ Gear, 111쪽
→ Grinding, 115쪽

Invention 발명　　　　　　　　　　　　　TECHNOLOGY

어떻게 생각하면 위대한 커피 한 잔을 만드는 것은 매우 간단하다. 반대로, 커피 한 잔을 제조하는 데 고려할 수 있는 무수히 복잡한 변수들은 커피에 첨단 기술이 접목될 여지를 얼마든지 낳는다. 예를 들어, 에스프레소 머신에 온도가 미치는 영향에 주목한다면, 이에 대한 신기술이 개발되기까지는 오랜 연구가 필요하다. 한편 '유니크한 디자인'과 관련된 특허들은 지치지도 않고 출원된다. 전 세계의 영향력 있는 커피 무역 박람회에서는 새로운 프로젝트가 공개될 때마다 라이벌 회사들이 벌떼처럼 해당사의 부스에 몰려든다. 그중 많은 발명품들이 아무런 효과 없이 별다른 주목도 받지 못한 채로 사라지지만, 어떤 발명품은 커피 산업을 영원히 바꾸어 놓기도 한다.

→ Barista, 29쪽
→ Espresso, 85쪽

Italy 이탈리아

COFFEE CULTURE

지중해 연안의 국가 이탈리아는 에스프레소의 발원지로서 다른 어떤 나라보다도 그 커피 문화가 널리 퍼져있다고 주장할 수 있다. 수많은 광고판이나 마케팅 캠페인이 이탈리아의 커피 유산을 인용하는 것에서도 볼 수 있듯이, 이탈리아는 부정할 수 없이 일종의 글로벌 브랜드로서 커피를 대표한다. 브레시아에 본부를 둔 국제커피테이스팅협회Instituto Internationale Assaggiatori Caffé; IIAC는 크레마의 색깔부터 구체적인 플레이버 노트에 이르기까지 에스프레소를 정의하는 단체다. 그럼에도 불구하고 이탈리아 전역의 커피 문화는 지역마다 스타일이 다르다. 나폴리의 에스프레소는 로부스타 함량이 높고 타 지역보다 고온 단시간에 추출되는 반면, 이탈리아 북부의 에스프레소는 아라비카에 주력하며 추출 시간이 길다. 분명 이탈리아의 커피 감상 문화는 복잡하고 세련되었지만, 커피 자체는 상대적으로 상품화되어 있으며 스페셜티 커피도 드문 편이다. 에스프레소 머신 제조사는 전 세계에서 우후죽순 등장하고 있지만 아직까지는 이탈리아가 에스프레소 머신 제조의 중심지다. 최고급 에스프레소 머신을 소비하는 것은 대체로 다른 나라이지만 말이다.

→ Cup of Excellence, 70쪽

Jamaican Blue Mountain

자메이카 블루 마운틴   ORIGIN

전통적으로 자메이카 블루 마운틴은 미식가를 위한 고가의 커피를 뜻했다. 최근 들어서는 커피의 품질보다 마케팅 탓에 잘 팔리는, 제값보다 비싼 커피라는 평판을 얻고 있다. 자메이카산 블루 마운틴은 잘 가공된 커피를 접하기 어려웠던 시절에 그 명성을 얻었지만, 오늘날에는 최상급 커피와 도저히 경쟁할 수 없다.

→ Cold brew, 65쪽
→ Cup of Excellence, 70쪽
→ Green, 115쪽

Japan 일본   COFFEE CULTURE

커피는 일본에서 인기가 많다. 실제로 일본은 전 세계 최대의 커피 수입국 중 하나로, 이곳의 커피 문화는 다양한 커피 형태와 문화적 접근을 널리 수용하는 편이다. 전통차를 음미하던 티룸에서 진화한 형태의 커피 라운지는 오래 전부터 일본에 존재했다. 태평양 전쟁 이후 커피 소비량이 확 늘어 이제는 생필품이 되어 버린 일본에서는 자판기에서 손쉽게 시원하거나 뜨거운 캔커피를 사서 마실 수 있다(요즘 전 세계를 휩쓰는 콜드 브루 열풍 역시 일본은 몇 걸음 앞서 뛰어들었다). 희귀하고 품질 좋은 원두로 정성스럽게 제조한 커피 역시 일본에서는 전혀 낯선 개념이 아니다. 생두 도매 및 공급 시장에서 최고의 커피를 일본 입찰자에게 빼앗기는 일은 매우 흔하다.

Kaldi 칼디
COFFEE LEGEND

누가 처음 커피를 발견했는가? 이 문제에 정답은 없다. 다만 커피에 관한 전체 서사의 일부분을 보여주는 소담한 옛이야기가 있기는 하다. 9세기 즈음 에티오피아에 칼디라는 이름의 아랍인 염소지기가 살았는데, 어느 날 남서부의 숲에서 염소들이 춤을 추는 모습을 발견했다. 주변 덤불 속 선명한 붉은색 체리를 염소들이 뜯어먹는 것을 보고 따라서 한 알 먹어본 칼디는 각성 효과를 체험하고 염소들과 함께 춤추기 시작했다. 칼디는 그 식물의 씨앗을 근처 수도원으로 가져갔는데, 열매의 각성 효과에 반감을 품은 수도사 한 명이 씨앗을 모닥불 속으로 던져 버렸다. 그런데 아뿔사, 씨앗이 타면서 풍기는 향기가 너무도 매혹적인 게 아닌가! 모닥불에서 씨앗을 다시 걷어내 이를 빻아서 물에 녹여 마신 것이 세계 최초의 커피라는 것이다.

Kenya 케냐
ORIGIN

커피의 과일향 노트가 얼마나 뛰어날 수 있는지를 알고 싶다면 케냐산 고품질 커피를 마셔보라. 케냐에서 생산되는 커피의 상당수가 놀라울 만큼 맛좋은 베리향, 높은 산미, 풍부한 바디를 가지고 있다. 최상급 케냐산 커피는 정말이지 최고다. 케냐는 커피 생산 선진국으로서 고품질 원두 생산을 장려하는 경매 시

→ Peaberry, 181쪽
→ Variety, 234쪽

스템을 갖추고 있다. 케냐산 커피는 종종 원두 크기에 따라 평가받는데, 커피 품질과 콩알의 크기가 큰 AA급 커피는 분명히 서로 관련이 있지만 절대적인 것은 아니며, 매우 높은 평가를 받는 AB급(알이 작은 콩이 섞인 것) 원두도 있다. 피베리(커피체리 안에 생두가 하나만 든 열매)를 따로 모아 파는 것도 케냐에서는 인기가 있다. 케냐의 스페셜티 커피 생산에 있어 가장 많이 언급되는 두 가지는 SL 28번과 34번 품종, 그리고 니에리 지역이다. SL은 이 실험적인 품종들을 개발한 스코트 연구소Scott Laboratories를 가리킨다. 오늘날 이 품종은 케냐에서 생산되는 고급 커피의 대부분을 차지하며, 몇몇 예외를 제외하면 케냐에서만 재배되는 품종들이다. 니에리는 케냐 중부에 자리한 케냐산山 주변 지역으로 이 나라에서 가장 귀한 밭들이 분포되어 있다. 다른 지방에서도 역시 훌륭한 커피가 재배된다.

→ Jamaican Blue Mountain, 139쪽
→ Hawaii, 123쪽

Kopi Luwak 코피 루왁   PROCESSING; ANIMAL RIGHTS

"그 커피 드셔보셨나요? 왜, 그…… 동물을 '통한' 커피요." 세계에서 가장 비싼 커피들 중에는 코피 루왁이라는 이름으로 판매되는 것이 적지 않다. 코피 루왁은 '사향 커피'라고 번역할 수 있는데, 유래는 이렇다. 자그마한 사향고양이는 숲을 돌아다니면서 가장 좋은 (즉 가장 잘 익은) 커피체리를 선별하여 먹는데, 생두는 사향고양이의 소화 과정을 거치면서 특수한 가공 과정을 거친다. 결국 몸 밖으로 배출된 커피는 이국적이면서도 희귀한 고급 커피가 된다. 말하자면 코피 루왁을 둘러싼 마케팅 스토리가 그렇다는 것이다. 현실은 이처럼 그럴듯하지 않다. 사향고양이들을 우리에 가두고 저질 커피를 강제 급식하는 탓에 심각한 동물권 침해가 발생한다. 더군다나 코피 루왁은 블라인드 테이스팅에서 좋은 평가를 받아본 역사가 없다. 잘 짜인 스토리란 강력하다는 것을 보여주는 사례다.

→ Flat white, 100쪽
→ Sensory science, 203쪽

Latte art 라떼 아트   COFFEE CULTURE; PREPARATION

방금 나온 플랫화이트 표면에 예쁜 무늬가 그려져 있는 모습은 오늘날 너무나도 흔히 볼 수 있다. 커피음료 제조 과정의 마지막 터치라고 할 수 있는 라떼 아트는 당신이 곧 마시게 될 커피를 만든 이가 커피를 아주 잘 아는 숙련된 자라는 신호를 준다. 옥스포드 대학의 실험심리학자 찰스 스펜스 교수와 연구를 함께 진행한 일이 있는데, 이 연구 결과에 따르면 소비자들은 라떼 아트가 올라간 커피에 돈을 더 지불할 의향이 있다고 한다. 라떼 아트가 그려진 커피가 그렇지 않은 커피보다 질적으로 우수하다고 생각해서가 아니라 음료를 준비하는 과정에서 더 많은 에너지와 기술이 들어갔다는 것을 인정하기 때문이다. 이 환상의 반대편에는 '아름다운 커피는 언제나 좋은 커피'라는 명제가 있다. 라떼 아트는 예쁜 겉모습에 더해 스팀밀크가 잘 만들어졌다는 사실을 알려주지만, 그 아래에 있는 커피의 질에 대해서는 별다른 정보를 주지 못한다. 라떼 아트는 배우기 꽤나 어려운 기술이다. 커피에 스팀밀크를 붓는 이 단순 작업을 통해 몇몇 바리스타들이 실현해내는 경지는 놀랄 만하다. 세계라떼 아트챔피언십은 언제나 관객으로 바글거린다. 라떼 아트의 주된 기술은 프리 푸어링free pouring과 에칭etching이다. 프리 푸어링은 다른 도구를 사용하지 않고 에스프레소에 스팀밀크를 붓는 행위만으로 무늬를 만들어낸다. 타이밍, 기교, 자세, 스팀밀크의 수준이 복합적으로 작용한다. 에칭은 이쑤시개와 비슷한 도구를 이용해 스팀밀크 표면에 그림을 그리는 것이다. 두 기술을 조합하면 놀랍도록 멋진 그림을 완성해낼 수 있다.

Le Nez du Café® 르네뒤카페   AROMA

→ Defects, 73쪽
→ Olfactory, 169쪽
→ Q Grader, 189쪽

방향제가 담긴 이 아름다운 상자는 조금 비싸기는 하지만 디너 파티에서 내놓기에 안성맞춤인 장난감이다. 패키지에는 커피에서 가장 흔히 느낄 수 있는 36종의 아로마를 구현한 36개의 유리병이 들어있는데, 좋은 향과 나쁜 향(결점두 때문에 발생하는 잡향)을 모두 포괄한다. 각각의 유리병에는 숫자가 붙어 있어서 시향 후 어떤 아로마인지 맞춰볼 수도 있다. 포함된 책자에는 각각의 병에 어떤 아로마가 들어 있는지를 설명한다. 다른 후각 훈련과 마찬가지로 연습을 통해 실력을 향상시킬 수 있다. 친구들과 함께 게임을 하듯 즐길 수 있고, 시각이나 촉각의 힌트 없이 후각의 자극만으로 냄새를 해석하는 것이 개인별로 얼마나 큰 차이가 있는지를 알아볼 수 있다. 이 키트는 큐그레이더 인증 시험의 핵심 요소다. 이 회사는 와인과 위스키 분야에서도 비슷한 상품을 내놓고 있다.

Leaf rust 녹병   GROWING; DISEASE

→ Castillo, 57쪽
→ Climate change, 62쪽
→ Guatemala, 119쪽

커피 녹병(CLR, 혹은 커피 적수병)은 아프리카대륙 동부에서 처음 발견되었으며 전 세계 커피 산지에 막대한 피해를 입힌 포자성 병균이다. 이 균이 처음으로 그 위력을 드러낸 것은 1800년대 후반 실론에서로, 전체 커피 생산량의 80%가량이 피해를 입었다. 녹병에 피해를 입기 전, 실론은 전 세계 최대의 커피 생산지였다. 철저한 격리 검역을 통해 오랫동안 아메리카대륙으로 퍼지지는 않았으나 1970년대에 결국 브라질에서 발견되었다. 정확히 어떤 경로로 아메리카에까지 도달했는지는 불분

명하지만, 먼지 같은 포자는 쉽게 화물, 사람, 식물에 붙어 이동할 수 있다. 녹병 대책으로는 몇 가지가 있는데, 농장 관리, 격리, 살진균제 등이 대표적이다. 그러나 완벽한 대응책은 없으며 지금으로서는 녹병 저항력이 높은 개량종을 개발하는 것만이 실행 가능한 선택지다.

→ Espresso, 85쪽
→ Italy, 137쪽

Lever machine 레버 머신   EQUIPMENT; ESPRESSO

에스프레소의 핵심은 '눌러 빼내다'라는 어원에 걸맞게 가압식 추출에 있다. 에스프레소가 빠르고 간단하게 제조되기는 하지만, 단순히 빠른 것만을 의미하는 것은 아니다. 19세기 후반에 등장한 최초의 에스프레소 머신은 이 압력을 형성하기 위해 증기를 사용했다. 1945년에 이탈리아인 조반니 아킬레 가찌아가 레버 머신을 발명, 생산하기 시작했다. 이 새로운 머신은 압력을 만들어내기 위해 증기를 쓸 필요가 없었으므로 수온을 높게 유지할 필요도 없었다. 레버 머신은 사용자가 직접 압력을 가하거나 스프링 장전을 통해 압력을 만들어내는 방식으로 작동한다. 이 행위에서 '샷을 당기다'라는 표현이 나왔다. 레버 머신은 현재의 에스프레소 용량을 결정하기도 했다. 에스프레소 추출을 위해 체임버에 채울 수 있는 물의 양이 한정되어 있기 때문이다. 이후 펌프식 머신이 등장해 현재 시장을 점령 중이다. 수공업 장인 운동에서 레버 머신은 다시금 인기를 얻고 있는데, 비교적 수동으로 움직이는 부분이 많은 '참여형' 머신이기 때문이다. 오늘날 전자 조정이 가능한 펌프식 머신은 전통적인 레버 머신의 가압 변경 방식을 모사하기도 한다.

→ Constantinople, 69쪽
→ Third place, 223쪽

Lloyd's of London 런던 로이즈 HISTORY

커피하우스의 등장은 사회적, 경제적, 문화적 변화와 깊이 연관되어 있다. 16~17세기 유럽에서 커피하우스는 그 전까지 지배적이었던 에일하우스(맥주집)와 크게 상반된 문화를 제시했다. 각성 효과는 있지만 취하게 만들지는 않는 커피의 특성은 커피하우스에서 더 많은 대화와 지적 탐구가 일어날 수 있다는 것을 의미했고, 많은 역사학자들이 역동적인 커피 문화와 18세기 유럽의 계몽주의 운동을 연관지었다. 지적인 대화와 가벼운 가십을 나누는 현장이었던 커피하우스는 사업을 논의하기에도 매우 적합한 장소였다. 로이즈 커피하우스는 런던 시내의 타워가에 1688년 문을 열었다. 이 커피하우스는 선원, 상인, 선주들을 주 고객 삼아 믿을 만한 항해 정보를 제공하기도 했다. 이내 이 커피하우스는 해상보험에 가입하기에 이상적인 장소로 알려지면서 오늘까지 영국 수도에서 성업 중인 런던 로이즈 보험 시장의 시초가 되었다.

→ Development, 77쪽
→ Drum roaster, 78쪽
→ First crack, 99쪽
→ Green, 115쪽

Maillard reaction 마이야르 반응   ROASTING

로스팅하지 않은 생두는 맛이 별로 없는데, 풀이나 곡물 맛과도 유사하다. 생두는 향미를 자아낼 가능성을 지닌 미완성 재료일 뿐, 그것을 로스팅하는 과정에서야 비로소 복잡한 화학 반응을 통해 그 잠재성이 깨어난다. 커피 맛을 형성하는 주된 화학 작용은 다른 식음료의 맛내기에 있어서도 중요한데, 바로 마이야르 반응이다. 이 과정은 예측하기 어렵지만, 일반적으로는 커피 속 아미노산이나 산소가 풍부한 화합물(당류 등)에서 일어난다. 로스팅 과정의 다양한 온도, 주로 섭씨 140도와 165도 사이에서 이러한 화합물이 화학 반응을 일으키는데, 그 부산물로 다양한 맛 물질을 생성한다. 로스팅 중에는 다른 화학 반응도 나타나며, 이들 반응이 어떻게 나타나서 맛에 영향을 주는지는 로스팅 방법에 달렸다. 이를테면 당류는 캐러멜화되는 식인데, 로스팅 시간이 너무 길어지면 탄맛이 난다.

→ Drum roaster, 78쪽
→ Raised beds, 192쪽

Mechanical drying 기계식 건조   PROCESSING

기계식 건조기는 로스터와 유사하다. 커다란 원통형 드럼이 회전하고 거기에 열을 가하는 식이다. 다만 온도는 로스터보다 훨씬 낮아서 드럼식 세탁건조기와 비교하는 편이 더 이해하기 쉬울 수도 있겠다. 전통적으로 대부분의 커피는 야외에서 콘크

리트 파티오나 침대 따위에 늘어놓고 햇볕에 말리는 식으로 건조된다. 강수량이 많아 야외 건조가 어려운 지역에서, 혹은 단순히 건조 시간을 줄이기 위해 기계식 건조기를 쓴다. 기계식 건조기는 자연 건조에 비해 품질을 떨어뜨린다는 인상이 있는데, 건조기의 온도가 너무 올라가면 커피 맛이 나빠질 수 있는 것이 사실이라 근거 없는 주장은 아니다. 하지만 잘만 사용하면 기계식 건조기가 가장 안정적으로 품질을 유지할 수 있는 선택지라는 의견도 있다. 반면 야외 건조를 통해 시원한 밤 시간에 '레스팅'을 하는 것이 건조 과정에 필요한 요소라고 주장하는 사람도 있다. 현재 시점에서 명확하게 판단을 내릴 연구 자료는 없다.

→ Barista, 29쪽

Melbourne 멜버른
COFFEE CULTURE

이 책의 서문을 읽었다면 내 커피 여정의 시작점이 바로 멜버른이었다는 것을 알게 되었을 테다. 확실히 이 도시는 많은 사람들의 열정에 불을 붙이고 커피 여정을 시작하게끔 했다. 이곳 멜버른뿐만 아니라 호주 전체의 역동적인 카페신은 다양성과 개성이 넘치고 수준이 높다. 훌륭한 브런치 카페도 물론 있지만 무엇보다 커피에 쏟는 정성과 그에 부여하는 가치가 남달라서 바리스타의 역할이 크게 강조된다. 풍문에 따르면 멜버른은 세계에서 바리스타의 급료가 가장 후한 도시라고 한다. 호주의 카페 문화와 커피에 대한 태도는 지난 10년간 세계 각지로 수출되었다. 이제는 전 세계 각지에 흥미롭고 영향력 있는 커피 문화가 발달해 있지만, 아직도 멜버른은 꽤나 특별한 도시다.

→ Guatemala, 119쪽
→ United States of America, 230쪽

Mexico 멕시코
ORIGIN

미국과 지리적으로 가까워 멕시코에서 생산되는 커피는 대부분 북쪽으로 이웃한 미국에 수출되고, 따라서 다른 곳에서 멕시코산 커피를 볼 기회는 많지 않다. 멕시코에서는 다양한 종류의 매력적인 고품질 향미 프로파일이 생산되는데, 가볍고 플로랄한 커피부터 농익고 둥그런 토피 맛에 이르기까지 매우 다양하다. 멕시코는 세계 최대 커피 생산국 중 하나이며 대부분 아라비카 품종을 재배한다. 그럼에도 불구하고 예전에 비하면 생산량이 상당히 줄어든 추세인데, 1989년 국제커피협약이 폐지된 후로 상당한 위기를 겪었기 때문이다. 멕시코에서 가장 질 좋은 커피가 나는 곳은 과테말라 국경에 인접한 남부 해안 지역이다.

Moka pot 모카포트
BREWING

가스렌지 위에서 사용하는 이 추출 기구는 80년의 역사를 자랑한다. 에스프레소와 마찬가지로 이탈리아의 발명품이다. 알폰소 비알레티는 1933년 루이지 데 폰티로부터 모카포트의 디자인을 매입했고, 이를 적용해 모카포트를 발명했다. 비알레티 공업회사는 오늘날까지도 처음 생산했던 모카포트와 똑같은 제품을 모카익스프레스 Moka Express라는 상품명으로 팔고 있다. 모카포트는 가정에서도 에스프레소와 비슷한 음료를 만들 수 있다는 점에서 큰 인기를 누렸다. 하부 포트에서 물이 가열되며 증기와 압력이 축적되도록 설계되었다. 증기압이 임계점을 넘으면 물이 커피 가루를 통과해 위쪽 체임버로 이동하면서 진하고 신선한 커피를 채운다. 디자인에 따라 물이 커피를 통과하는 데 필요한 열과 압력의 양이 다르다. 흔히 커피에서 탄맛이 난다는 불평을 들을 수 있는데, 이는 물의 온도가 지나치게 높아져서 과추출이 일어나는 것이다. 이 문제를 해결하기 위한 방법

은 간단하다. 하부 포트에 물을 좀 적게 채우면 된다. 그러면 축적된 압력이 더 빨리 물을 커피쪽으로 밀어올리게 되므로 수온이 너무 높아지기 전에 커피를 만들 수 있다.

Mucilage 점액질   ORIGIN

→ Brix, 44쪽
→ El Salvador, 83쪽
→ Honey process, 124쪽
→ Natural process, 162쪽

점액질은 커피콩을 둘러싼 내과피, 즉 파치먼트에 달라붙어 있는 과육이다. 이것은 여러 가지 이유로 매우 중요하다. 이를테면, 커피체리가 나무에서 익어가는 중에 당도를 측정하고자 한다면 이 점액질의 당도를 측정하면 된다. 잘 익은 커피 열매를 맛볼 때면 항상 그 달콤함에 놀라곤 한다. 개인적으로는 엘살바도르의 로스피리네오스 농장을 방문했을 때의 경험이 인상에 남는다. 커피나무 사이를 지나다니면서 그곳에서 자라는 유명 품종들의 다양한 커피체리를 맛볼 수 있었기 때문이다. 이 점액질의 맛 차이는 굉장했다. 다양한 가공 방식에서 이 점액질이 어떻게 건조되고 콩의 향미를 변화시키는지는 매우 흥미로운 주제이다.

Multi boiler 멀티보일러   ESPRESSO

→ Heat exchanger, 123쪽

시중에 나와 있는 에스프레소 머신을 둘러보다 보면 '듀얼보일러'나 '멀티보일러'라는 말이 기술 스펙과 셀링 포인트에 적혀 있는 것을 보게 된다. 예전에는 커다란 보일러 한 개가 머신 전체의 여러 부속을 담당했다. 열교환기의 물을 가열하거나, 배출구에서 나올 온수를 데우거나, 스팀밀크를 만들기 위한 증기를 모두 한 보일러가 제공했다. 이 모든 작업을 효과적으로 동시에 수행하면서도 서로의 작업에 방해가 되지 않게 하려면 상당히 큰 보일러가 필요하다. 그래서 이 작업들을 분산 담당하는 멀티보일러가 생겨난 것이다. 최초로 이 개념이 도입된 것은 듀얼보일러였다. 보일러 한 대는 에스프레소 추출에, 다른

한 대는 스팀과 열탕을 데우는 데 사용했다. 오늘날에는 이 아이디어가 훨씬 더 확장되어서 머신의 각 부속마다 별개의 보일러가 달려 있을 뿐만 아니라 각 보일러마다 별개의 예열보일러를 탑재하고 있다. 멀티보일러 머신은 서로 다른 온도의 물을 가열하고 보관할 수 있게 하고, 각각의 온도에도 일관성과 정확성을 부여할 수 있다.

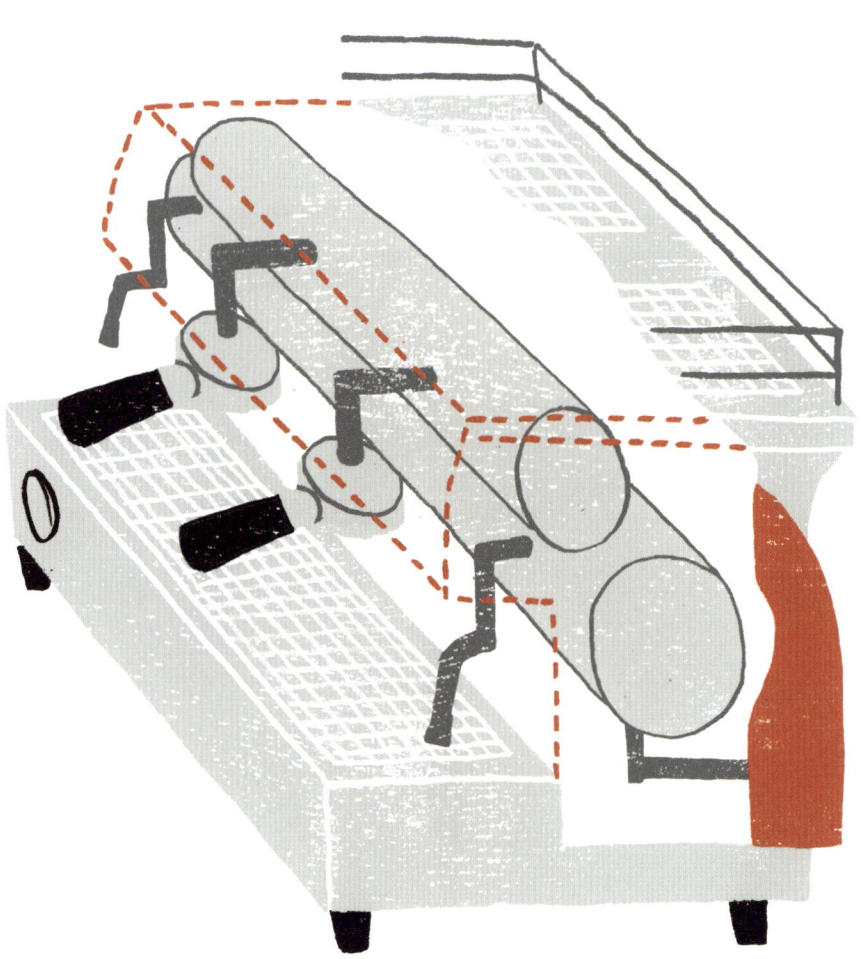

→ Basket, 29쪽
→ Channelling, 58쪽
→ Espresso, 85쪽
→ Portafilter, 182쪽

Naked shot 네이키드 샷   BREWING

한때 엄청난 인기를 누렸던 네이키드 샷은 지금은 어느 정도 시들해졌다. 네이키드 샷이란 포터필터 바닥에 구멍을 뚫어서 커피가 바스켓 바닥으로 흘러나오자마자 곧바로 컵에 들어가는 것을 말한다. 따라서 에스프레소의 매혹적인 추출 과정을 직접 볼 수 있게 된다. 초반에 슬로모션처럼 흘러나오는 아주 짙은 액체는 차츰 비단처럼 길게 흐르는 에스프레소가 된다. 이 과정에서 액체의 색깔은 갈색에서 붉은색, 이윽고 진한 캐러멜색으로 변한다. 샷이 절반쯤 나왔을 때 각각의 흐름은 하나로 합쳐져서 빠른 금빛 흐름을 이루고 마침내 끊긴다. 청소가 조금 어렵기는 해도 실로 아름다운 광경이다. 이러한 겉모습 외에도 네이키드 샷에는 몇 가지 이점이 있다. 물이 커피를 통과해 흐르는 것을 직접 볼 수 있기 때문에 채널링이 일어나면 바로 알 수 있다. 또 일반적인 포터필터의 배출구에는 커피 잔여물이 쌓여서 맛에 나쁜 영향을 주는 경우가 왕왕 있기 때문에 아예 배출구를 없애버리는 게 도움이 된다(물론 배출구를 잘 청소해주면 해결되는 문제기는 하다). 이 논리에 따르면, 네이키드 샷의 경우는 배출구에 가루가 걸리는 일이 없이 중요한 성분이 모두 커피잔에 흘러 들어간다고 할 수 있겠다. 그러나 내 생각에는 이것이 커피 맛에 특별히 영향을 주는 것 같지는 않다. 그래도 실험 결과에 따르면 하나의 에스프레소 샷이 두 개의 배출구에서 나뉘어 나올 때는 각 배출구에서 흘러나오는 커피가 일관성을 갖기 어려운 반면, 네이키드 샷 혹은 더블 샷의 경우에는 보다 일관적인 결과물을 얻을 수 있다고 한다.

Natural process 내추럴 가공(건식 가공)

PROCESSING

→ Fermentation, 96쪽
→ Honey process, 124쪽
→ Silver skin, 204쪽

내추럴 가공은 가장 역사가 오래되고 직관적인 가공방식이다. 수확한 커피체리의 과육이나 껍질을 건드리지 않고 그대로 말린다. 그러면 안에 든 커피콩과 그를 둘러싼 체리가 함께 건조되고, 건조 마지막 단계에서야 서로 분리된다. 이는 커피체리와 커피콩이 거의 바로 분리되는 완전워시드 가공과는 전혀 다르다. 내추럴 가공방식은 건조 기간이 길고 많은 노동력을 필요로 한다. 잡맛의 요인이 될 수 있는 곰팡이나 과발효를 피하기 위해 지속적으로 커피를 뒤집어줘야 하기 때문이다. 정확한 건조 시간과 온도는 품질로 직결되는데, 내추럴 가공 커피에서 많이 지적되는 문제점은 건조 시간이 너무 길다는 것이다. 그렇게 되면 원두가 썩은내를 풍기거나 케케묵은 맛 특징을 가질 수 있다. 커피 건조 과정에서 수분의 움직임을 관찰한 플라비오 보렘의 선구자적인 연구는 커피를 잘못 건조하면 커피콩의 세포벽을 파괴하고 이런 커피는 금세 묵은 맛이 나게 된다는 결론을 얻었다. 커피체리의 과일향이 커피콩에 '스며든다'는 의견도 많다. 몇 가지 이론이야 있지만 내추럴 공법을 적용했을 때 커피콩이 와인과 같은 둥그런 과일 노트를 얻게 되는 정확한 이유는 파악되지 않았다. 내추럴 공법은 다른 가공방식에 비교하여 훨씬 적은 물을 소모하므로 환경에 미치는 부정적 영향이 덜하다고 할 수도 있겠다. 이는 물부족 현상을 겪는 국가에서 내추럴 가공방식을 선호한다는 말과도 같다. '내추럴 배제'를 외치는 로스터나 커피 구매자도 드물지 않다. 개인적으로는 '나쁜' 내추럴 가공 커피, 즉 흙맛이나 나무향이나 신맛을 내

는 커피가 있기는 하지만, 몇몇 내추럴 가공 커피는 맛이 좋고 흥미로우며 복합적인 향미 프로파일을 갖고 있다고 생각한다. 내추럴 가공방식은 허니 프로세스나 펄프드내추럴 공법과 크게 다르지 않고, 오늘날 많은 농부들이 실험적인 시도를 통해 내추럴 혹은 유사 내추럴 공법으로 커피의 맛과 개성을 변화시키고 개선하려는 움직임을 보인다.

Nicaragua 니카라과   ORIGIN

→ Cup of Excellence, 70쪽

니카라과는 지난 100년 간 역동의 역사를 경험했고, 이 나라의 커피 재배 사정 또한 마찬가지였다. 국가의 정치적, 경제적 소용돌이에 휩쓸리지 않기란 여러모로 불가능하기 때문이다. 하지만 오늘날에는 추적투명성이 높고 품질도 좋은 커피가 많이 나오고 있다. 니카라과의 일부 지역에서 특히 잘 자라는 품종들이 있으며, 풍부하고 바디가 묵직한 커피부터 과일 맛이 강한 커피까지 다양하게 생산된다. 컵오브엑설런스 평가에서도 좋은 성적을 보이고 있으며, 특히 북부 누에바세고비아 지역에서는 맛이 뛰어나고 큰 성공을 거둔 커피가 꾸준히 배출되고 있다.

Nordic 노르딕   COFFEE CULTURE

→ *Fika*, 96쪽
→ World Barista Championship, 245쪽

노르딕 국가들은 보통 인당 커피 소비량 순위가 매우 높은 나라들이다. 핀란드가 주로 1위이고 노르웨이가 바짝 추격하는 식이다. 노르딕 문화권의 커피 소비량은 무척이나 많을 뿐 아니라, 노르딕 식문화가 전반적으로 그렇듯이, 산지와 그 향미 역시 매우 중요하다. 2000년에 월드바리스타챔피언십이 처음 개최된 이래 몇 년 동안이나 북유럽 국가들이 상을 독식했고, 다른 사람들이 이들을 따라잡으려 애쓰는 모습이 연출되었다. 커피업계에서 큰 영향력을 갖는 회사와 개인이 스칸디나비아와 핀란드에 몰려있다. 스웨덴에는 커피를 일상적으로 마시

는 피카 문화가 있고, 이 지역의 고급 레스토랑은 좋은 커피를 내놓기 위해 신경을 쓴다. 예를 들어 코펜하겐의 레스토랑 노마Noma는 2004년 월드바리스타챔피언십의 우승자인 팀 웬델보와 협업한 바 있다.

Nutate 뉴테이트 ESPRESSO

뉴테이팅은 비교적 최근에 커피 세계에 등장한 용어다. 일종의 탬핑 기술로, 호주 출신으로 2012년 월드브루어스컵에서 우승한 맷 퍼거가 유행시켰다. 일반적으로 바리스타들은 커피 가루가 고르게 다져질 때까지 최대한 수평을 이루어서 아래쪽으로 부드럽게 한번 눌러 주는 식으로 탬핑을 한다. 뉴테이팅의 물리적 원리는 눈 위에서 걷는 것과 비슷하다. 테니스 라켓처럼 생긴 전통적인 눈신발을 신고 걸으면 체중, 즉 힘이 분산되어 눈을 많이 다지지 않고도 걸을 수 있다. 반면 굽 높은 신발을 신고 눈밭을 걷는다고 생각해보라. 뉴테이팅은 압력을 집중시킴으로써 커피를 더욱 많이 압축한다. 바리스타는 도즈에 탬퍼를 놓고 굴리듯이 탬핑한다. 탬퍼의 한쪽 모서리가 먼저 커피를 압축하고, 탬퍼를 굴리면서 나머지 커피도 압축, 결과적으로는 납작하게 탬핑한다. 이 방법은 커피 가루를 성공적으로 압축할 수 있다는 이점이 있지만, 고르지 않고 비일관되게 탬핑하여 균일한 추출을 방해하게 될 가능성도 크다.

→ Barista, 29쪽
→ Extraction, 92쪽
→ Tamping, 219쪽

→ Green, 115쪽
→ India, 130쪽
→ Indonesia, 132쪽
→ Past crop, 178쪽

Old Brown Java 올드 브라운 자바   AGED COFFEE

품질에 있어 생두의 신선도는 점점 더 중요해지고 있다. 우리가 높게 평가하는 가치들, 예컨대 클린컵, 산미, 생기, 단맛 등의 요소는 갓 수확된 신선한 커피에만 존재하고 몇 달이 지나면 사라진다. 시간이 지나면서 커피는 점점 더 나무맛이 나고 무미건조해진다. 올드 브라운 자바는 인도산 아라비카종인 몬순 말라바르와 비슷하게 커피 보관상의 법칙을 깬다. 커피를 일부러 최대 5년까지 숙성시키면 생두는 청록색에서 갈색으로 변한다. 이때 커피는 톡 쏘는 맛이 나고 나무향이 강하며 산미가 거의 없다. 이같은 커피에 대한 수요도 유지되고 있다.

→ Flavor notes, 103쪽
→ Gustatory, 119쪽
→ Sensory science, 203쪽

Olfactory 후각   FLAVOR

우리가 무언가를 먹거나 마실 때 맛과 향을 느끼려면 코와 입이 함께 움직여야 한다. 간단하게 당신의 코를 막고 무언가를 먹어보라. 아마도 예상했던 맛과는 아주 다를 것이다. 사실 우리가 맛이라고 부르는 것은 대부분이 코를 통해 느끼는 것이다. 이를 후각 체계라고 한다. 입에는 미각 체계가 있어 단맛, 신맛, 짠맛 등의 감각과 퍼석함, 톡 쏘는 맛 등의 촉감을 느낄 수 있다. 시각과 청각 또한 우리의 맛보기 경험에 기여하지만 보통은 이 사실을 잊는다. 그러니까 다시 말해, 후각이야말로 맛의 왕인 것이다. 우리 인간이 가질 수 있는 후각체계의 섬세함은 천차만별이다. 냄새를 맡고 따라서 맛을 느끼는 능력은 유전, 나이, 질병 등의 다양한 요소에 의해 영향을 받는다. 똑같은 음료를 맛보아도 각기 다르게 느끼는 이유가 여기에 있다. 우리 인간들의 후각 기능은 나쁘지 않지만 개를 비롯한 여타 다른 포유류들은 우리보다 훨씬 뛰어난 코를 가지고 있다. 개중에는 우리보다 300배나 민감한 후각을 가진 동물도 있다. 이따금 정말로 특별한 커피를 접할 때면, 그래서 아주 강렬하고 복잡한 향기를 맡을 때면, 우리 개 루카의 코를 대신 가졌으면 좋았겠다는 생각을 하고는 한다.

Oliver table 올리버 테이블

77쪽 Density table 참고.

One-way valve 원웨이 밸브   PACKAGING

→ Green, 115쪽
→ Resting, 195쪽

좋아하는 원두를 구매할 때는 그 원두를 포장할 수 있는 봉투가 필요하다. 이때 사용하는 봉투의 재질은 보관을 보다 용이하게 만든다. 원두는 이산화탄소를 배출하고, 산소에 노출되면 숙성되기 시작하면서 빠르게 변화한다. 대부분의 커피 포장 봉투에는 원웨이 밸브가 달려 있는데, 이 밸브는 이산화탄소는 내보내면서 산소가 들어오는 것은 막는다. 그냥 종이봉투에 담아 간단히 위를 접어 보관할 수도 있다. 종이봉투 포장은 간단하기도 하고 특유의 미감도 있지만, 그 속의 원두는 원웨이 밸브가 달린 포장 봉투 속 원두에 비해 훨씬 빠른 속도로 숙성될 것이다. 물론 원웨이 밸브가 부착된 포장 봉투 역시 산소 투과를 막는 재질이어야 한다(대체로 호일이 덧대어져 있다). 최근에는 식물성 포장 봉투도 시중에 등장하는 추세다. 여기에 추가로 질소 처리를 하여 봉투 안에 남아있는 산소의 양을 최소한

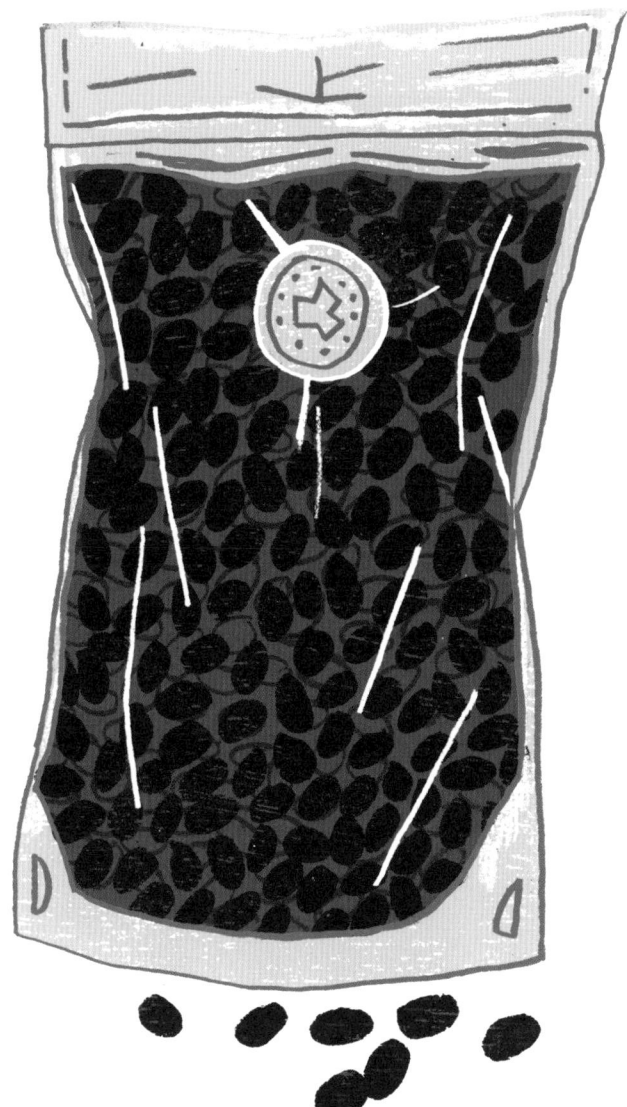

으로 제한하기도 한다. 질소 충전 포장, 특히 캔 형태로 된 포장은 커피의 유통기한과 신선도를 상당히 오래 유지한다. 생두와 로스팅의 신선도 측면에서 최상의 상태로 오래 즐길 수 있다는 점은 아주 매력적이다.

Origin 산지 PROVENANCE

→ Blending, 33쪽
→ Espresso, 85쪽
→ Third wave, 224쪽

산지라는 말은 커피와 함께 흔히 쓰는 단어다. 그러나 지금 이 순간 나는 이 용어에 내재된 모호함을 지적할 가치가 있다고 본다. '산지'는 본질적으로 직관적인 용어다. 단순히 커피의 출처를 묻는 것이다. "이 커피는 어디에서 왔는가?" 역사적으로, 특히 이탈리아의 에스프레소 문화에서, 사람들은 다양한 나라에서 온 커피를 블렌드해서 사용했다. 많은 경우 블렌드된 각각의 커피가 어디에서 왔는지를 비밀에 부친다. 그러나 반대로 스페셜티 커피, 그리고 서드웨이브 커피는 추적가능성과 출처의 투명성을 강조하면서 당신이 마시는 커피가 어디로부터 왔는지를 알려주고 그 맛과 해당 커피의 '서사'를 결부시키려 노력한다. 단일 산지 혹은 싱글 오리진이라는 말은 요즘 들어 부쩍 흔해졌으며 커피 소매업계에서 그 영향력이 높아지고 있다. 싱글 오리진이라는 단어는 그 자체로 품질을 보장하며 소비자의 호기심을 자극해 커피 맛의 다양한 가능성을 탐구하게끔 한다. 그렇지만 커피의 출처가 단일한 국가이기만 해도 일단 그것은 싱글 오리진이다. 따라서 싱글 오리진이라고 적힌 커피라도 어느 한 나라의 여러 농장에서 재배한 다양한 커피를 블렌딩한 것일 수 있다. 몇몇 스페셜티 로스터는 최근에 거의 싱글 오리진만 취급하는 경향이 있는데, 이때의 싱글 오리진은 특정 농장에서 온 특정 품종으로 만든 커피를 가리키는 경우가 많다.

→ Resting, 195쪽

Oxidation 산화　　　　　　　　STORAGE

산소는 무척이나 유용하다. 동시에 유통기한의 주적이자 식료품 부패의 원흉이기도 하다. 커피가 노화되는 이유는 두 가지가 있는데, 바로 향미 휘발과 산화이다. 산화란 산소 분자가 어떤 물질로부터 전자를 빼앗는 것을 의미한다. 과일의 갈변 현상이 우리 눈으로 볼 수 있는 대표적인 산화 현상이다. 열이나 빛처럼 커피의 노화에 기여하는 다른 요소들도 있지만, 그 무엇도 산소만큼 큰 영향을 주지 못한다. 산소 농도를 1% 미만으로 유지할 수 있는 커피 보관도구는 커피의 유통기한을 비약적으로 늘린다. 알루미늄 용기는 매우 강력하게 산소를 차단하여 커피 수명을 가장 크게 늘린다. 질소 충전이나 진공 포장 등을 이용하면 커피의 수명은 한 달부터 수 개월, 어쩌면 몇 년까지도 늘어날 수 있다. 신선도는 커피가 로스팅되는 순간부터 객관적으로 파악 가능한 척도지만, 종류별로 커피의 개성이 언제 정점을 찍고 내려 마시기에 최적의 상태가 되는지는 조금 더 주관적인 문제다.

→ Bourbon, 41쪽
→ El Salvador, 83쪽
→ Variety, 234쪽

Pacamara 파카마라   VARIETY

파카마라는 커피콩의 크기가 큰 품종으로서 최근 인기를 얻고 있다. 파카스 품종과 마라고지페 품종의 교배종이다. 파카스 품종 자체가 버번 품종의 엘살바도르 자생 변이종으로, 이 나라에서 유서가 깊은 커피 재배 가문의 이름을 따왔다. 파카마라 역시 엘살바도르가 고향으로, 훌륭한 품질 덕에 다른 산지에서도 성공적으로 재배되고 있다. 파카마라는 그 크기만 놀라운 것이 아니라, 명확하게 차별화된 향미 특성을 갖고 있다. 대체로 플로랄 향과 홉 노트, 적정량의 초콜릿과 붉은 과일 향을 가지고 있다.

→ Bourbon, 41쪽
→ Cup of Excellence, 70쪽
→ Geisha, 111쪽

Panama 파나마   ORIGIN

파나마의 국제적인 명성은 게이샤 품종의 유명세와 성공에 근거를 두고 있다. 파나마는 부티크 커피 생산지의 전형적인 예라고 할 수 있다. 농장들은 주로 작물별로 개별 밭을 두고, 한 농장 안에서 다양한 향미를 생산하는 데 집중한다. 따라서 파나마산 커피는 같은 밭에서 나온 작물이라도 가공법을 다르게 하여 다른 원두를 만들어내는 경우가 흔하다. 각 농장은 브랜드 이미지와 정체성을 구축하고 국제 시장에서의 경쟁력을 확보하고자 한다. 에스메랄다 농장은 게이샤 품종을 개발하여 경

쟁력을 끌어올리고, 베스트 오브 파나마 대회를 통해 여기서 최고점을 기록한 커피에 매우 높은 가격을 매기는 것으로 유명하다. 에스메랄다는 이 대회에서 몇 번이나 우승했다. 보케테와 볼칸 바루 재배지 역시 좋은 커피를 생산하는 것으로 정평이 나 있다. 파나마산 커피에 게이샤만 있는 것은 아니며, 카투라나 버번 품종 또한 성공적으로 재배되고 있다.

Paper 페이퍼

61쪽 Chemex™ 참고.

Papua New Guinea 파푸아뉴기니 _{ORIGIN}

요즘 들어 '파푸아뉴기니'가 커피 수입업자들의 시음 테이블이나 스페셜티 커피 로스터리에서 자주 보인다. 파푸아뉴기니에서 커피는 대부분이 소규모 농장주들에 의해 재배된다. 소규모 농업의 잠재적 문제점, 이를테면 커피 가공 능력과 자원 부족은 협동조합식의 농업으로 어느 정도 상쇄될 수 있다. 이 협동조합 방식은 생산자들을 규합하고, 자원을 공유하며, 시장 경쟁력을 확보하는 데 주력하기 때문이다. 파푸아뉴기니는 아직까지 '잠재력 있는' 산지로 분류된다. 적극적으로 활동하며 이곳의 작물 수준을 끌어올리려는 회사도 있고, 그렇지 않더라도 많은 기업들이 파푸아뉴기니를 주목하고 있다. 파푸아뉴기니산 커피는 흔히 인도네시아산 커피와 한데 묶이지만 그 특성은 꽤나 다르다. 파푸아뉴기니산 고급 커피는 깔끔하고 산뜻하며, 복합적인 과일향을 갖고, 크리미한 특성을 보인다.

→ Mechanical drying, 151쪽
→ Raised beds, 192쪽

Parabolic 파라볼릭   DRYING

다양한 건조 환경은 수확 후 커피콩을 건조하는 데 이용될 수 있다. 파라볼릭 건조는 온실이나 비닐하우스 같은 환경에서 이루어진다. 여타 건조 및 가공 기술이 으레 그렇듯, 파라볼릭 건조 역시 다양한 변수를 포괄하여 결과를 내놓는 다차방정식이라고 할 수 있다. 기계식 건조처럼 파라볼릭 건조 역시 소나기가 잦은 지역에서 애용된다. 비닐하우스는 보다 통제 가능한 건조 환경을 제공한다.

→ Freezing, 104쪽
→ Fresh crop, 109쪽
→ Green, 115쪽
→ India, 130쪽
→ Old Brown Java, 169쪽
→ Resting, 195쪽

Past crop 패스트 크롭   OLD COFFEE

대체로 햇작물 커피가 더 맛있다는 것이 정론이지만 햇작물이 묵은 작물이 되는 시점에 대해서는 의견이 분분한데다가 일부러 오래 숙성시킨 몬순 말라바르나 올드 브라운 자바 같은 커피에 대한 수요도 분명히 있다. 흥미로운 점은 갓 수확한 커피에서는 약간의 풀맛과 생두의 맛이 느껴지기 때문에, 물론 신선한 커피가 더 좋기는 하지만, 최적의 맛을 위해서는 약간의 레스팅도 필요하다는 것이다(이는 갓 로스팅한 커피에도 해당되는 사항이다). 건조에 난항을 겪는 산지의 커피는 조금 더 일찍 맛을 잃어버리고 묵은 커피 맛을 낸다. 그레인프로 코쿤GrainPro Cocoons™이라는 생두 보관용 플라스틱 봉투가 널리 이용되기 시작하면서 커피의 품질과 유통기한은 예전보다 훨씬 늘어났다. 그럼에도 불구하고 일단 수입되고 나면 생두의 보관 환경이 노화 속도에 크게 영향을 끼치게 된다. 온도와 습도 변화도 큰 문제다. 커피숍에 로스팅 기계가 놓여 있는 것은 꽤나 멋지지만 생두를 보관하기에 적절한 환경이라고 하기는 어렵다. 생두의 수명을 연장하기 위해 온도와 습도를 철저히 통제하는 환경을 마련하는 것이 근래에는 더욱 확산되었다.

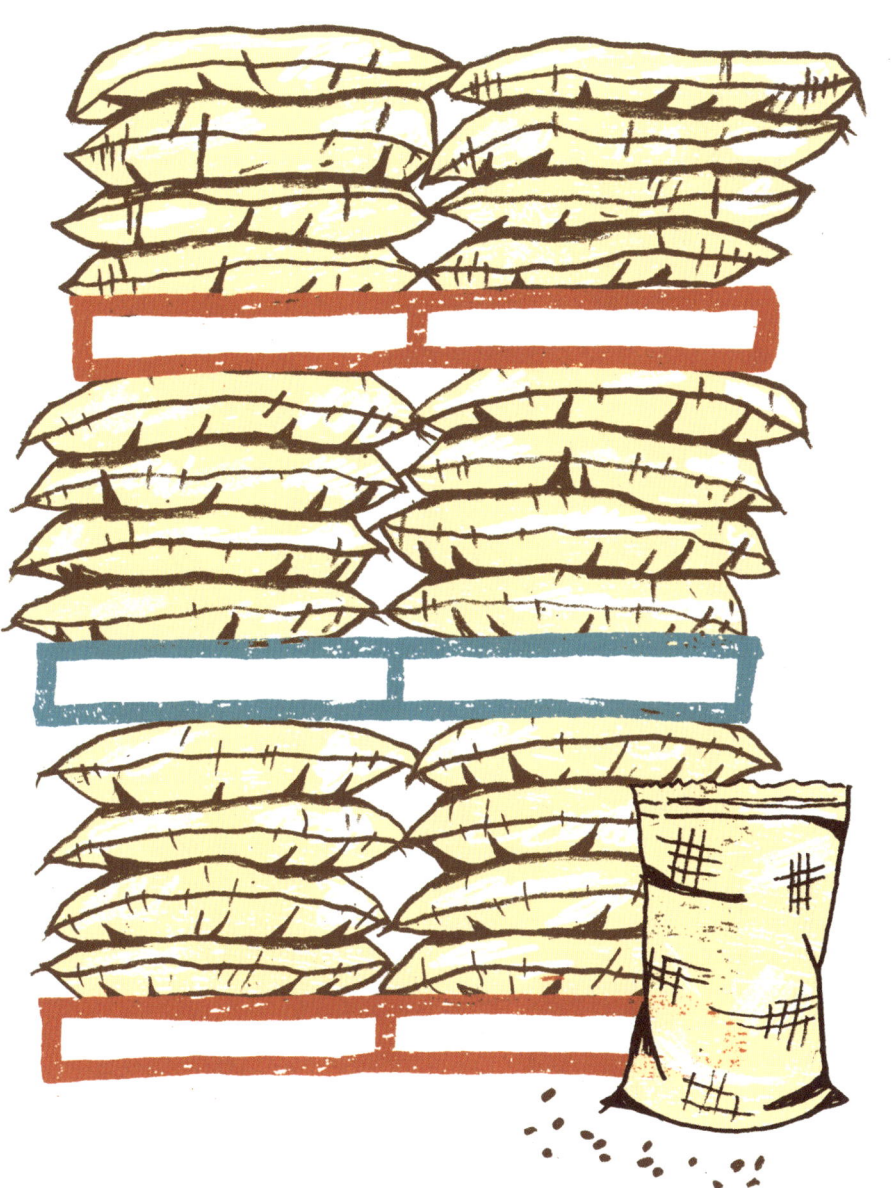

→ Defects, 73쪽
→ Kenya, 141쪽

Peaberry 피베리   COFFEE BEAN TYPE

커피 패키지나 관련 사이트를 보면 커피에 관한 무수히 많은 용어들과 기술어를 보게 된다. 때로 이것들은 커피에 대한 심리적인 거리감을 갖게 하고, 몇몇 주요 용어들은 서로 헷갈리기도 한다. 피베리가 그런 용어 중 하나다. 예를 들어, 케냐산 커피에 피베리라고 적혀 있는 것을 보고 커피 품종인가 싶었다면, 그게 당신의 잘못은 아니다. 다만 사실이 아닐 뿐이다. 피베리는 어떤 품종으로든 나올 수 있다. 피베리는 커피체리의 자연발생한 돌연변이로, 두 씨앗 중 하나만 수분되어 체리 안에서 생장하는 것을 뜻한다. 보통 체리열매 안에서는 씨앗 두 개가 서로 납작한 부분을 마주대고 생장한다. 우리가 잘 아는 커피콩의 모양이 바로 이 과정에서 생긴다. 맞대고 자라날 이웃 콩이 없을 때 피베리는 납작하게 눌리는 대신 거의 타원형으로 자란다. 케냐와 탄자니아 등 몇몇 산지에서는 피베리를 따로 분류해서 판매하기도 하지만, 이런 습관이 없는 곳도 있어 모든 산지에서 피베리가 생산되는 것은 아니다. 피베리는 다른 커피열매와 비교해 맛이 약간 다른데, 이에 대해서는 여러 이론이 존재한다. 첫째로, 피베리는 다른 어떤 것보다 커피체리로부터 영양을 더 많이 공급받는다. 둘째, 콩이 구형으로 자라기 때문에 밀도에 균형이 있어서 로스팅이 더 균일하게 된다. 셋째, 피베리는 손으로 골라내기 때문에 결점두가 섞여 들어갈 위험이 적다.

→ Fair trade, 95쪽

Peru 페루   ORIGIN

페루는 대규모 커피 생산국이다. 컵 프로파일은 대체로 둥글고 부드러운 편이며, 산미가 낮은 대신 견과류와 초콜릿의 향미가 느껴진다. 페루에서는 유기농 인증과 공정무역 인증 모두 활발히 이루어지는데, 딱히 이런 인증들이 좋은 맛을 보장하는 것은 아니며, 유기농 인증을 받은 제품이 엄청나게 싼값에 팔려 나가기도 한다. 페루산 커피 재고를 확보하고 판매하는 스페셜티 로스터가 흔치는 않지만, 다른 지역이 그렇듯, 페루에서도 추적가능성을 강조한 흥미로운 커피가 생산되고 있다.

→ Acidity, 19쪽

Phosphoric acid 인산   GROWING; TASTING

커피에는 다양한 맛 물질이 함유되어 있는데 좋은 커피를 판단하는 데 있어 가장 중요한 요소 중 하나가 바로 산미다. 그렇다고 해서 커피의 산미가 항상 옳은 것은 아니다. 예컨대 아세트산 함량이 높으면 식초맛이 날 것이다. 여러 산미 중에서도 특수한 종류와 구조를 가진 맛을 사람들은 추구하는데, 이러한 맛 경험은 구체적으로 원두 안의 어떤 산 성분으로 인한 것인지를 추적할 수 있다. 로스팅 과정에서 원두의 산이 변화할 수는 있지만, 기본적으로는 생두가 수확될 때 이미 산이 함유되어 있어야 한다. 모든 커피 작물이 광합성의 부산물로 시트르산을 생산하기 때문이다. 반면 인산의 경우는 커피가 재배되는 토양 속에 존재할 때만 커피콩에서 이를 찾아볼 수 있다. 아프리카 동부산 커피들이 주로 인산의 산미를 내는데, 이는 살짝 탄산과 같은 맛 느낌이라고 할 수 있다.

Plunger 플런저

107쪽 French press 참고.

Portafilter 포터필터   ESPRESSO

→ Basket, 29쪽
→ Espresso, 85쪽
→ Weighing scales, 245쪽

브라키오('팔'이라는 뜻)라는 명칭으로도 불리는 포터필터는 단순히 말해 '이동(식) 필터'라는 뜻이다. 포터필터는 '그룹헤드'나 '드립트레이'와 마찬가지로 제조사를 불문하고 모든 에스프레

소 머신에 공통적으로 들어있는 부품 중 하나로, 바스켓이 들어가는 손잡이다. 에스프레소 머신의 다른 부품들처럼, 다양한 디자인과 재질로 맞춤 제작한 포터필터가 존재한다. 전문가들이 자주 사용하는 실용적인 방법을 하나 소개하자면, 포터필터에 작은 무게추나 테이프를 더해서 복수의 포터필터가 동일한 무게를 갖도록 하는 것이다. 이렇게 하면 그룹헤드가 여러 개 달린 머신을 사용할 때 매번 저울을 쓸 필요가 없어진다.

Pour-over 푸어오버

109쪽 Full immersion 참고.

Pressure 압력   ESPRESSO

→ Aeropress, 19쪽
→ Crema, 69쪽
→ Espresso, 85쪽
→ Moka pot, 155쪽

에스프레소가 압력을 이용해 추출하는 커피라는 것은 알겠는데, 그러면 이 압력은 커피와 커피 음료에 무슨 영향을 끼치는 걸까? 고압 환경에서 에스프레소를 추출하면 커피에서 끌려나온 이산화탄소가 에스프레소 표면에 크레마를 형성한다. 또 압력은 물이 커피가루를 잘 투과할 수 있도록 충분한 힘을 제공함으로써 커피를 더 미세하게 분쇄해 추출 잠재성을 끌어올린다. 압력이 높지 않다면 물은 커피 덩어리를 뚫고 나오지 못할 것이다. 똑같은 커피로 두 개의 샷을 서로 다른 압력, 예컨대 각각 7bar와 9bar의 압력을 가해 추출한 음료를 비교하는 것은 정말로 놀라운 경험을 제공한다. 너무나 많은 변수가 작용하기 때문에 이들 차이의 정확한 원인을 파악하기란 어렵지만 말이다. 압력은 그라인더와도 밀접하게 연관되어 있다. 입자가 지나치게 고우면 압력이 아무리 높아도 물이 커피를 통과하지 못한다. 어쩌면 이 모든 것이 절묘하게 맞아떨어지는 설정값이 있을 수도 있지만, 이것은 커피 세계에서 아직 답이 나오지 않은 수많은 문제 중 하나다. 모카포트나 에어로프레스 역시 압력을 생성하지만, 이때 사용되는 압력은 에스프레소보다 훨씬 낮고 측정하기도 어렵다.

→ Brazil, 41쪽
→ Colombia, 66쪽

Producing 생산　　　　　　　　　　GROWING

커피를 논할 때면 세계를 커피 생산국과 커피 소비국으로 양분하고는 한다. 커피를 재배하는가 아니면 마시는가? 오랜 커피 무역의 역사를 살펴보면, 생산된 커피는 대체로 생산국이 아닌 다른 곳에서 소비되었다. 이는 수출품으로서 커피가 지닌 가치 때문이다. 아이러니한 것은, 고품질 커피는 수출하지 않기에는 너무나도 가치가 있어서, 결국 내수용으로 소비되는 커피는 고급 커피를 수출하고 남은 품질이 낮은 커피라는 점이다. 하지만 이러한 구조에도 변화가 일어나고 있다. 브라질이나 콜롬비아 같은 나라들이 근대화와 경제 발전을 경험하면서 이곳에도 카페 문화가 확산되는 등 생산국들의 커피 소비량도 꾸준히 늘고 있다.

Q Grader 큐그레이더
QUALIFICATION

커피품질연구소Coffee Quality Institute에서 주관하는 큐그레이더 인증 제도는 커피업계에서 가장 명망 있는 자격증이다. 일주일 간의 집중 교육 뒤에 커피의 맛을 평가하는 능력을 시험받는 다. 큐그레이더로 인정받기 위해서는 무려 22개의 서로 다른 시험을 통과해야 한다. 단맛, 신맛, 짠맛 등을 구별하는 것에서 부터 커피를 평가하고 등급을 매기는 일, 그리고 커피에 관한 전반적인 지식수준을 점검하는 필기시험까지 쭉 이어진다. 스 페셜티 커피 업계가 확장되고 또 자리를 잡으면서 자격증 제도 또한 늘어나고 있다. 그중에서도 큐그레이더 자격증은 스페셜 티 커피뿐만 아니라 커머셜 등급 커피의 영역에서도 적용된다. 알그레이더R Grader 자격증도 있는데, 이 시험은 로부스타종과 로부스타 커피를 평가하고 이해하는 능력을 인증한다.

Quaker 퀘이커
DEFECTS

원두가 들어있는 봉투나 호퍼 안에 갈색 콩과 함께 매우 밝은 노란색 콩이 섞여 있는 것을 본 적이 있는가? 솔직히 말하자 면 노란색 콩은 거기 있어서는 안 된다. 퀘이커라고 부르는 결 점두이기 때문이다. 퀘이커는 수확 시에 섞여 들어간 미성숙한 커피체리에서 나온 씨앗으로, 워시드 가공법을 적용하면 거의 솎아낼 수 있다. 커피체리를 물에 담갔을 때 덜 익은 열매는 물 위에 뜨기 때문이다. 반대로 내추럴 가공법은 덜 익은 체리를 골라내기가 상대적으로 어렵다. 만약 소비자의 눈에 띌 때까지 이 노란 콩이 섞여 들어가 있다면 내추럴 방식으로 가공된 커피일 가능성이 크다. 퀘이커를 발견한다면 골라내서 음식물 쓰레기통에 버리자. 그래야 더 맛있는 커피를 즐길 수 있다.

Radiation 복사

ROASTING

커피를 로스팅한다는 것은 본질적으로 커피를 조리한다는 것과 같다. 음식을 데울 때와 마찬가지로 커피를 조리하는 방법에도 여러 가지가 있는데, 가장 흔히 사용되는 두 가지 방법은 대류열과 전도열이다. 뜨거운 바람을 통해 가열하거나(대류열) 커피가 든 용기를 가열함으로써(복사열) 커피콩에 열을 전달하는 것이다. 대다수의 로스팅 머신은 이런 조리 방식을 어떻게 적용할지를 두고 조정이 가능한데(예컨대 대류열을 더 사용하는 로스터와 드럼통을 가열한 복사열을 사용하는 로스터가 있을 수 있다), 이렇게 서로 다른 가열 방식도 콩의 조리 형태와 맛에 영향을 준다. 로스팅이 가장 빠르게 되는 기계는 아무래도 대류열을 사용하는 로스터다. 그래서 복사열을 사용하는 로스터는 이보다 덜 빈번하게 사용된다. 가정용 전자레인지를 떠올려보자. 복사 에너지는 파장의 형태로 전달되어 음식 안의 물 입자를 진동시킴으로써 가열하여 음식을 조리한다. 여기서 흥미로운 것은 복사열을 사용할 경우 커피콩 안쪽도 바깥쪽과 동시에 가열되므로 전반적으로 더 균일하게 가열할 수 있다는 점이다. 복사열을 사용했을 때 맛이 어떻게 변하는지는 구체적으로 기록된 바가 없지만, 이 로스팅 기술을 연구해서 좋은 결과를 내는 사람은 많다.

→ Species, 208쪽
→ Honey process, 124쪽
→ Natural process, 162쪽
→ Terroir, 220쪽
→ Washed process, 241쪽

Raised beds 테이블 건조   PROCESSING

커피체리를 수확한 후에는 체리 과육을 제거하고 남은 씨앗(커피콩)을 말려야 한다. 생두는 수출하기 전에 보통 수분함량 12% 정도까지 건조한다. 커피체리를 제거하고 생두를 건조하는 방법에는 여러 가지가 있고, 그것을 모두 통틀어 가공법 혹은 '프로세싱'이라는 이름으로 한데 묶는다. 커피체리는 나뭇가지에 맺혀 9개월에 걸쳐 익어가며 테루아의 영향을 받는데, 가공 시간은 그에 비해 아주 짧음에도 불구하고 커피의 맛과 품질에 지대한 영향을 끼친다. 테이블 건조 공법은 커피체리의 과육을 어느 정도 남겨 놓은 상태에서 생두를 건조할 때 사용한다. 근본적인 원리는 커피를 바닥에서 떨어뜨려 놓음으로써 통풍을 좋게 하고 건조 과정을 전반전으로 관리할 수 있게 하는 것이다. 이렇게 하면 좀 더 균일하고 예측 가능한 건조가 가능하고 발효로 인한 문제가 줄어든다. 테이블 건조 방식은 대체로 품질에 긍정적인 영향을 미친다.

→ Development, 77쪽

Rate of rise 분당 온도 상승률   ROASTING

이 기술적인 용어는 원두를 가열하는 동안의 온도 변화를 가리키는 것으로, 커피콩이 얼마나 빠르게 가열되는지를 설명한다. 커피 전문가이자 작가인 스콧 라오는 커피 브루잉과 로스팅 문화에서 영향력을 행사하며 분당 온도 상승률이라는 용어를 확산하는 데 일조했다. 그는 분당 온도 상승률을 꾸준히 낮추는 방식으로 로스팅하면 로스팅의 질이 올라간다고 주장한다. 말하자면 로스팅 초반에는 원두를 빠르게 가열시키고 점차 그 속도를 떨어트리는 것이다. 하지만 이를 위해서는 아주 섬세한 균형이 필요하다. 로스트의 온도 상승률이 지나치게 떨어져서 커피콩이 식기 시작하면 베이크드 로스트 baked roast라고 부르는 결과물이 나오는데, 무미건조하고 밍밍한 맛이 난다.

→ Brix, 44쪽
→ Extraction, 92쪽

→ Green, 115쪽
→ One-way valve, 170쪽
→ Oxidation, 173쪽

Refractometer 굴절계　　　　　　　　　TESTING

굴절계는 다양한 산업 영역에서 사용된다. 굴절계의 원리는 그 이름처럼 빛의 굴절에 있다. 샘플 용액에 굴절계가 빛을 쏘면 그 안에 든 부유 고형물이 반사하는 정도를 계측한다. 이 굴절계를 사용해 와인이나 과일의 숙성도를 측정하고 당도를 계산하기도 한다. 반면 커피업계에서는 주로 음료 안에 고형 커피가 얼마나 섞여 들어갔는지를 측정하기 위해 사용한다. 이 측정값은 커피 제조 과정에 대한 우리의 이해를 돕지만, 맥락을 고려해 해석해야 한다.

Resting 레스팅　　　　　　　　　FRESHNESS

커피에서 신선도는 어렵지 않은 개념이다. 커피는 갓 수확되었을 때 가장 신선하다. 로스팅된 원두는 로스팅 기계의 쿨링 트레이에서 꺼냈을 때가 가장 신선하다. 이 신선도라는 개념은 품질과 본질적으로 연결된다. 그러면 신선할수록 무조건 좋은 것일까? 또 그렇지만은 않다. '가장 신선한 것이 가장 좋다'는 명제는 이해하기 쉽고 또 대체로 맞는 말이기도 하다. 18개월 전에 수확한 커피가 지난주에 수확한 커피보다 높은 평가를 받을 리 만무하다. 어제 로스팅한 커피는 당연히 작년에 로스팅한 커피보다 맛있을 수밖에 없다. 다만 가장 최적의 결과물은 그 사이 어딘가에 있고, 그리고 대다수의 경우 엄청나게 신선한 커피가 무조건 최적의 상태에 있다고 말할 수는 없다. 수확 직후의 커피는 소위 생두맛이 너무 강할 수 있다. 약간은 톡 쏘는 맛이 나고 단맛이나 조직적인 산미가 떨어진다. 갓 로스팅된 커피는 이산화탄소를 배출할 시간이 필요하고, 대개 로스팅 며칠 후에야 완전히 '최적의 상태'가 된다. 원두와 로스팅 방식에 따라 다르겠지만, 사실상 로스팅 커피가 가장 맛있는 시점은 로스팅 후 제법 시간이 지난 지점일 수 있다. 어떤 경우에는 이 기간이 3~6주에 이르기도 한다. 커피가 언제 최적의 맛을 낼지에 대해서는 아마도 담당 로스터가 잘 설명해줄 것이다.

Reverse osmosis 역삼투   FILTRATION

이 여과 방식은 카트리지필터(이온 교환 카트리지)에 비해 조금 더 복잡하고 비싸다. 역삼투 방식을 사용할 때는 물에 강한 압력을 가해서 막을 통과하게끔 만들어 그 막의 한쪽에는 무기질이 거의 없는 용액이, 반대쪽에는 무기질이 풍부한 용액이 형성되도록 한다. 사람들은 대체로 '비어있는' 용액을 사용하며, 무기질 농축 용액을 아주 약간만 더할 뿐이다. 그러나 연수가 풍부한 지역에서는 반대로 무기질 함량이 높은 용액을 사용하는 것을 종종 볼 수 있다. 경수 지역이라 해도 물의 무기질 함량이 매우 높을 경우 이를 낮추기 위한 방법은 증류를 제외하면 역삼투 방식이 유일하다. 역삼투 방식은 효율이 떨어져 사용된 물의 절반 가까이를 폐수로 버릴 때도 있지만, 이를 보완한 설비도 최근 많이 개발되었다. 커피에 중점을 두고 이야기하자면, 우선적으로 알아둬야 할 것은 카트리지필터 여과기와 마찬가지로 역삼투 방식 역시 처음 시작할 때 사용한 물을 조금 변화시킬 뿐이라는 것이다. 무기질 재보급 시스템도 존재하며, 이에 대한 연구가 최근 활발해지는 추세다. 이러한 연구를 통해 당신은 물의 구성요소들을 보다 잘 관리할 수 있게 될 것이다.

→ Buffer, 45쪽
→ Cartridge filter, 54쪽
→ Water, 242쪽

Ripe 성숙   HARVESTING

가장 잘 익은 커피체리에 가장 맛있는 커피콩이 들어있다는 인식이 보편적이다. 한편, 커피 생산 과정에서 '과성숙' 열매를 일부러 선택하고 그런 열매들이 담고 있는 맛 프로파일을 추구하는 경우도 있다. 그렇다면 여기서 질문, 과연 잘 익은 커피체리

→ Brazil, 41쪽
→ Brix, 44쪽
→ Refractometer, 195쪽

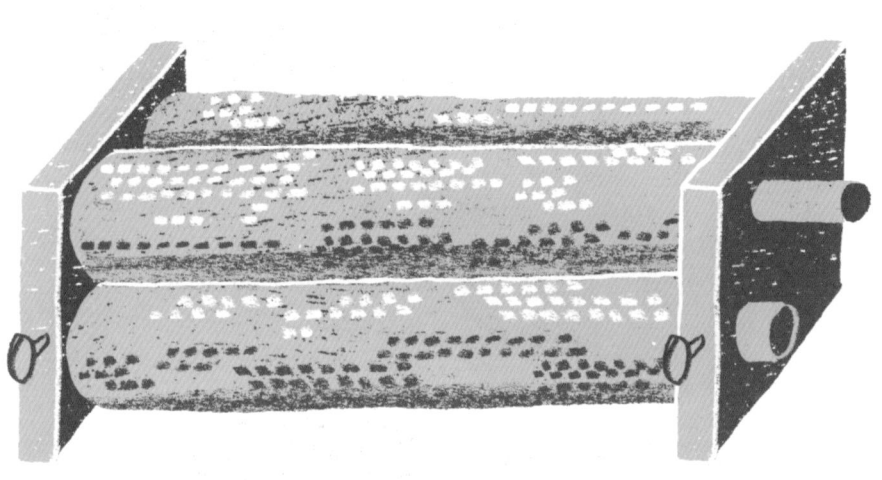

란 무엇인가? 열매의 성숙도를 평가하는 일차적인 기준은 겉모습이다. 대부분의 품종에 있어 잘 익은 열매는 가장 선명한 붉은색을 띠며, 과성숙을 시사하는 갈색이나 보라색으로 아직 변하기 이전이다. 잘 익은 열매에서 골라낸 커피콩이 가장 맛있다는 데는 이견의 여지가 없지만, 잘 익은 열매의 색깔은 품종마다 조금씩 다르기 때문에, 오늘날 농부들은 수확 적기를 판단하는 기준으로 겉모습보다는 체리의 당도에 더 의존하는 편이다. 그렇기에 수작업으로 수확하는 편이 성숙도를 판단하기에 훨씬 수월하지만, 현대의 기술을 적용해 먼저 열매를 모두 수확한 다음 기계로 골라내는 방식으로도 좋은 결과를 얻을 수 있다. 브라질 등의 국가에서는 커다란 트랙터가 밭을 다니며 커피나무에서 열매를 모두 따고, 다양한 기계 장치를 이용해서 덜 익은 열매와 잘 익은 열매를 솎아낸다. 예컨대 열매의 익은 정도를 측정하는 압력식 분류기 등을 사용하는 것이다.

Robusta 로부스타

208쪽 Species 참고.

Roller grinder 롤러 그라인더   GRINDING

→ Flat burr, 99쪽

다양한 원두 분쇄 방식 중 전 세계의 커피숍과 가정에서 가장 널리 사용되는 것은 버 그라인더다. 가장 피해야 할 것은 블레이드 그라인더로, 도끼질을 하듯이 원두를 깎아내서 몹시 비균질한 크기의 입자를 만들어내기 때문이다. 롤러 그라인더는 커머셜 등급의 커피를 취급하는 기업에서 널리 쓰인다. 표면에 돌기가 있는 밀대 두 개가 겹쳐있는 모습을 상상해보라. 커피는 밀대 사이를 통과하면서 분쇄된다. 롤러 그라인더는 여러 개의 롤러를 가질 수 있고, 매우 균일한 입자로 갈거나 입자가 좀 더 구형에 가까운 모양이 되도록 갈 수 있다.

→ Cup of Excellence, 70쪽
→ Defects, 73쪽

Rwanda 르완다

ORIGIN

르완다는 베리류의 과일 맛과 플로럴 향미, 와인 같은 산미, 복합성을 풍부하게 갖는 우수한 커피를 생산해내는 산지다. 스페셜티 업계에는 비교적 발을 늦게 들인 편인데, 르완다의 커피 생산 역사가 대체로 규모가 작고 커머셜 등급에 한정되었기 때문이다. 1990년대 중반의 사회적 혼란을 고려하면 르완다에서 처음으로 워싱 스테이션(Washing Station, 즉 세척장)이 세워진 것이 2000년대 중반이라는 사실을 납득하기란 어려운 일이 아니다. 이후 르완다는 컵오브엑설런스를 주최한 첫 번째이자 아직까지는 유일한 아프리카 국가가 되었고, 르완다산 커피는 그 품질에 걸맞은 인정을 받기 시작했다.

Sensory science 감각 과학   TASTING

내가 감각에 관한 과학 이론에 관심을 갖게 된 것은 옥스퍼드 대학의 실험심리학 교수 찰스 스펜스의 연구를 접하면서부터다. 스펜스 교수는 음식물 그 자체를 제외한 모든 요소가 음식물에 관한 우리의 인식과 경험에 어떤 영향을 주는지를 연구했다. 여기에는 수많은 요소들이 포함되는데, 식기의 무게, 그릇의 모양, 컵의 색깔, 주위의 소음까지 고려할 수 있겠다. 예를 들어 커피를 검은색 잔에 따랐을 때보다 흰색 잔에 따랐을 때, 사람들은 같은 커피라도 후자의 경우를 최대 두 배까지 더 진하게 느낀다는 연구 결과가 있다. 흥미롭게도 흰색 잔에 담긴 커피는 덜 달다는 인상을 주기도 한다. 우리가 음식을 먹는 경험은 엄청나게 복잡하며 동시에 흥미롭다. 당신이 지금껏 마셨던 중 가장 맛있다고 느꼈던 커피가 정말로 객관적으로도 최고의 커피였을까? 아니면 적당히 훌륭한 커피였지만 적절한 환경, 색채, 당신의 기분과 같은 기타 모든 요소와 결합하여 그런 경험을 자아낸 걸까? 그래서 커피를 시음하고 평가할 때는 반복해서 재현 가능한, 깨끗하고 조용하며 편견이 배제된 환경을 제공하는 것이 무엇보다 중요하다. 물론 완벽하게 편견을 배제한 환경이란 있을 수 없으므로 일관성이 핵심이라 할 수 있겠다.

→ Barista, 29쪽
→ Espresso, 85쪽
→ World Barista Championship, 245쪽

Signature drinks 시그니처 음료   COMPETITION

커피업계에서 '시그니처 음료'라고 하면 기본적으로는 월드바리스타챔피언십을 떠올린다. 2000년에 이 대회가 처음으로 개최된 이래 시그니처 음료 부문은 에스프레소 음료와 스팀밀크 음료와 함께 모든 참가자들이 준비해야 하는 필수 부문이 되었다. 시그니처 음료의 조건은 엄격하지 않아서, 결과적으로는 에스프레소를 베이스로 하는 '칵테일'을 만들면 된다. 다만 알코올 사용은 허락되지 않는다 — 커피인굿스피리츠Coffee in Good Spirits; CIGS라는, 알코올을 넣어 만드는 커피 대회가 따로 있다. 시그니처 음료를 만들 때 일반적으로 지향하는 바는, 커피 자체의 개성을 죽이는 대신, 보완 재료를 활용해 독특하고 특별한 음료를 만드는 것이다. 물론 당연히도 커피여야 한다. 이것은 매우 어려운 작업이다. 수많은 바리스타 대회 참가자들이 밤마다 맛없는 음료를 만들고 또 만들기를 거듭해 마침내 비전을 찾아낸다. 시그니처 음료는 보통 바리스타 경연의 루틴 중 가장 극적인 요소를 담당한다.

→ Green, 115쪽

Silver skin 은피   GROWING; ROASTING

커피체리 중심부에는 두 개의 생두가 나란히 몸을 맞대고 있다. 이 두 개의 생두는 은피라고 불리는 가볍고 반투명한 막으로 둘러싸여 있다. 그 바깥으로는 내과피(파치먼트)와 과육, 외피가 있다. 그중 오로지 은피만이 생두 가공과 수출 단계에 이르기까지 생두에 부착된 상태로 유지된다. 보통 내추럴 가공 커피에 은피가 더 많이 달려 있고, 워시드는 그보다 덜하다. 은피는 로스팅 과정에서 간단히 떨어져 나와 우리가 채프chaff라고 부르는 것이 되는데, 로스터 내부의 공기 흐름을 타고 이동한 채프는 로스터 안에 마련된 별개의 칸에 모인다. 장비 내부에 쌓인 채프를 꼼꼼히 쓸어내어 버려야 한다. 필자의 로스터리에

서는 로스팅을 할 때면 뒤편의 굴뚝으로 배출되는 채프가 '소낙눈' 같은 예쁜 광경을 연출하고는 한다.

Single origin 싱글 오리진

172쪽 Origin 참고.

Slow brew 슬로-브루 COFFEE CULTURE

→ Barista, 29쪽

'슬로 바'라는 말을 들어본 적이 있을 것이다. 단순히 여과식 커피를 파는 바 형식의 카페를 뜻하지만, 이 단어에서 보다 많은 정보를 끌어낼 수 있다. 일반적으로 슬로 바에서는 수작업으로 제조된 싱글서브 여과식 커피를 판다. 그 근간에는 고품질 커피를 제조한다는 신념이 있으며, 오늘날 수많은 커피숍에서 제공되는 음료와 서비스를 특징짓는 패스트푸드 시대 상황에 대한 저항이기도 하다. 슬로 바의 기본 가치는 한 잔의 커피를 제조할 때 시간과 정성을 들여 의식을 치르듯이 만들어내고, 손님은 커피의 제조 과정을 지켜보면서 바리스타와 이야기를 나누거나 잠시 앉아 휴식을 취하는 데 있다. 물론 커피숍이 수지를 맞추려면 회전율이 빨라야 하므로 대다수는 일반적인 매장의 형태에 더해 슬로 바라는 선택지를 두고 슬로 바 경험에 대한 추가 비용을 청구한다.

Soil 흙 GROWING

→ Agronomy, 21쪽
→ Altitude, 24쪽
→ *Terroir*, 220쪽

커피나무도 여느 작물과 같아서 흙에서부터 영양소를 빨아들인다. 이것은 커피나무의 생장과 커피콩의 질에 영향을 미친다. 농부들은 작물을 관리할 때 토양의 pH계수(산성과 알칼리성을 측정하는 척도)와 인, 질소, 칼륨의 농도 등을 세심히 고려해야 한다. 토양의 구성을 보완하는 비료 사용 또한 고려 대상이다.

햇빛, 기온, 고도, 품종, 가공방식, 토양의 구성 요소 역시 커피를 생산하는 제반 조건, 즉 테루아의 일부분이며 완성된 커피의 향미 프로파일에 크게 영향을 준다. 이들 요소를 고려해 흙의 구성 요소를 측정하고 관리하는 것은 훌륭한 품질의 커피를 생산하는 데 있어 필수적인 사항이다.

South Korea 대한민국 COFFEE CULTURE

한국인들은 스페셜티 커피 문화에 열광하고, 이 현상은 점점 더 확산되고 있다. 예를 들자면, 한국에는 다른 어떤 나라보다도 훨씬 많은 수의 큐그레이더 자격 보유자가 있다. 전 세계적으로 로스팅 과정은 대규모로 이루어지는 개별 공정이고, 로스팅 회사에서 카페나 식당 등에 로스트 커피를 납품하는 형태가 일반적이다. 이에 반해 한국에서는 로스터리 커피숍이 큰 인기를 누리고 있고, 이는 커피숍 내부에 둘 수 있는 소규모 로스터의 개발과 발전을 낳았다. 예를 들어 한국산 제품인 스트롱홀드Stronghold는 적외선 복사열과 대류열을 이용하여 커피를 로스팅할 수 있는 작고 영리한 전기 로스터이다.

Species 종 ROBUSTA AND ARABICA

야생 환경에 자생하는 코페아종 식물은 무척 많으며, 이들은 모두 아프리카대륙의 동해안 지역에서 태어난 자생종이다. 영국왕립식물원 큐 가든스 내에 위치한 커피연구소의 소장 아론 데이비스의 기록에 따르면, 가장 많은 수의 커피 품종이 자라는 곳은 마다가스카르 섬이다. 놀랍게도, 데이비스와 그의 연구팀이 1990년대 후반 커피 자생지를 탐험하며 다양한 품종을 발견하고 정리할 때까지, 전 세계 커피 품종의 절반도 채 알려지지 않은 상태였다. 음용을 위해 재배되는 커피는 거의 모두가 코페아 로부스타C. Robusta와 코페아 아라비카C. Arabica 품종

→ Q Grader, 189쪽
→ Radiation, 191쪽

→ Altitude, 24쪽
→ Arabica, 24쪽
→ Variety, 234쪽

으로 양분된다. 로부스타는 대체로 아라비카보다 품질이 낮은 종으로 평가받는다. 로부스타는 해수면과 해발 300m 사이의 상대적으로 낮은 해발고도에서 자란다. 로부스타종은 병해저항성이 매우 강하고, 일반적으로 나무당 수확량도 아라비카에 비해 두 배 가까이 많다. 반론의 여지는 있으나, 로부스타종이 전 세계에서 재배되는 커피의 30%가량을 차지한다고 추산된 바 있다. 모든 아라비카종 커피가 고품질인 것은 아니며, 아라비카 커피보다 뛰어난 로부스타 커피도 충분히 있을 수 있다. 다만 아무리 훌륭한 로부스타라 해도 고급 아라비카 품종과는 경쟁이 되지 않는다. 로부스타와 아라비카를 블렌딩하는 것은 흔하게 볼 수 있고, 물론 다양한 하위종이 있기는 하지만, 대체로 로부스타 커피는 조금 더 씁쓸하고 묵직한 맛을 내며 '산뜻한' 느낌이나 과일향 노트가 덜하다고 볼 수 있다. 맛있는 로부스타는 초콜릿이나 헤이즐넛 향이 난다.

→ Cupping, 71쪽

Spittoon 타구   TASTING

커피를 마시는 사람들 대부분이 카페인 섭취를 위해 커피를 마신다고 해도 과언은 아닐 것이다. 그런데 커피의 이러한 특성이 커피 전문가의 작업을 방해할 수 있다는 점은 아이러니하다. 특히나 품질 관리 영역에 있는 전문가들은 매일같이 아주 많은 양의 커피를 시음해야 하기 때문에 더욱 그렇다. 따라서 전문적인 커피 시음자의 경우 일반적으로는 커피를 한 모금 후루룩 마시고, 입안에 잠시 머금으면서 맛을 본 다음, 다시 뱉어내고는 한다. 이렇게 맛본 커피를 뱉어내는 그릇을 타구라고 하는데, 그릇 형태를 띠었다면 무엇이든 타구로 사용할 수 있으나 타구용으로 특수 제작된 것이 더 좋음은 자명하다. 잘 만들어진 타구는, 비록 그 안에 들어있는 것은 아름답지 못하더라도, 무척 아름다운 공예품일 수 있다. 커피를 뱉어내는 행위는 미각이 피로해지는 것을 막는 데도 효과적이다. 소금이나 설탕을 묻히지 않은 플레인 크래커는 입안에 남은 액체나 오일 성분을 빨아들일 수 있기에 입가심용으로 적절하다.

Steaming 스팀   MILK FROTHING

전 세계를 제패한 현대의 커피숍 열풍은 에스프레소만큼이나 스팀밀크 음료에서도 추진력을 얻었다. 예를 들어 호주의 커피 문화는 스팀밀크 기술을 고도의 식문화적 예술로까지 그 수준을 끌어올린 바 있다. 경험에 비추어 볼 때, 스팀밀크에 처음 도전하는 초보자는 그 난이도에 깜짝 놀라게 된다. 일단 고압 증기가 필요하다. 가정에서 커피를 내리는 애호가들이 본인의 기술 부족을 탓하는 경우를 자주 보는데, 사실 정말 문제가 되는 것은 (본인의 능력이 아니라) 가정용 머신의 낮은 출력이다. 우유 거품을 잘 만들려면 스팀을 치기 전에 스팀완드(steam wand, 스팀 배출구)를 차가운 우유 표면 약간 아래, 그리고 정중앙에서 약간 비켜나가게끔 배치하는 것이 핵심이다. 우유에 공기 즉 거품을 불어넣을 때는 우유컵을 살짝 내리면서 '회전하듯이' 슬슬 돌려야 한다. 짧게 여러 번에 걸쳐 공기를 더하는 것이 중요하며, 우유를 돌리는 스월링을 통해 우유가 가라앉는 것을 막을 수 있다. 한편, 이 모든 작업은 우유가 지나치게 뜨거워지기 전에 끝내야 한다. 섭씨 60도가 넘어가면 거품의 밀도와 맛이 떨어지기 시작한다. 우유 거품을 잘 만드는 능력은 라떼아트에 있어 필수적인 전제 조건이라고 할 수 있다.

→ Espresso, 85쪽
→ Latte art, 145쪽
→ Sensory science, 203쪽

Strength 농도   DRINKING

커피 용어 중에는 사람들에게 혼란을 줄 여지가 있는 단어들이 몇 가지 있다. '농도'도 그런 용어 중 하나이다. 일차적으로 사람들이 헷갈리는 것은 카페인과 맛의 상관관계이다. 특히나 카페인에 대한 오해는 그야말로 지뢰밭이라고 할 수 있다. 커피

→ Caffeine, 49쪽
→ Espresso, 85쪽

가 애초에 카페인을 얼마나 함유하는지, 그리고 완성된 음료에는 얼마만큼 들어갈지를 가늠하는 것은 불가능에 가깝다. 또 다른 기술적인 문제는 커피의 농도와 추출에 관한 것이다. 당연히 커피를 더 많이 넣으면 카페인 함유량이 높은 커피 음료를 얻게 될 가능성이 크다. 그러나 때로는 음료의 용량도 혼란을 불러일으킨다. 아주 진하고 강한 에스프레소는 카페인이 농축되어 있지만 용량이 작기 때문에 맛이 연한 필터 커피 한 잔보다 카페인이 더 많이 들어있기란 어려운 일이다. 결국은 부피의 문제이다. 한편, 커머셜 등급의 커피 포장지에 적힌 커피의 농도 표시에도 문제가 많다. 커피의 농도를 평가하는 공인 기준은 없기 때문이다. 상품을 만드는 회사들은 임의로 지어낸 기준으로 커피의 농도를 평가하고, 여기에는 여러 의도가 있을 수 있다. 다크 로스트의 어두운 정도를 설명하려는 것일 수도 있고, 로부스타 품종을 사용하여 카페인 함량이 높다는 것을 알리기 위함일 수도 있다. 그도 아니면 원재료가 되는 커피 자체의 강도를 나타낸 기준으로서 원두 맛의 진함을 나타내는 지표일 수도 있다.

Sudan Rume 수단 루메   VARIETY

→ Carbonic maceration, 53쪽
→ El Salvador, 83쪽
→ Variety, 234쪽
→ World Barista Championship, 245쪽
→ Yield, 251쪽

수단 루메는 사실 꽤 오래 전부터 커피업계의 이면에서 은밀히 활약해왔다. 다른 품종과 교배하여 병해에 대한 내성을 높이고 품질을 증대하는 데 사용되었기 때문이다. 그렇지만 수확량이 원체 적어서 대량 생산되기는 어렵다. 2015년 사샤 세스틱이 이 품종에 탄산가스 침용 공법을 적용해 월드바리스타 챔피언십 우승을 거머쥐면서 수단 루메는 그 존재감을 확고히 했다. 그 어느 때보다도 커피의 품질이 강조되는 오늘날 생산량이 적다는 것은 더 이상 매력을 반감시키는 요소가 아니다. 이 품종은 수단의 보마 고원 지대에서 유래했으며, 다양한 향미와 복숭아 같은 핵과의 산미와 단맛을 안정적으로 재현한다.

이 품종으로 실험적 시도를 하는 농부들이 아메리카 대륙에서 멋진 결과를 내고 있으며, 엘살바도르에서는 센트로아메리카Centroamerica라는 F1 교배종이 큰 인기를 얻었다.

Sugar 설탕   SWEETENER

→ Acidity, 19쪽
→ Caffeine, 49쪽
→ Espresso, 85쪽

"커피는 지옥처럼 검고, 죽음처럼 진하며, 사랑처럼 달콤해야 한다"는 터키 속담이 있다. 많은 사람들에게 있어 커피와 설탕은 떼려야 뗄 수 없는 관계이며, 커피에 설탕을 타는 것이야말로 커피와 그들 사이의 관계를 정의하는 중요한 요소다. 커피는 자연적으로도 단맛을 낼 수 있지만, 대부분의 경우 씁쓸한 맛이 강해서 설탕을 더하는 것으로 균형을 잡을 수 있다. 카페인이 그렇듯 설탕도 중독성이 있고, 카페인과 설탕을 둘 다 섭취하기 위해 커피를 마시는 사람도 적지 않다. 커피 음료를 어떻게 '구성'할 것인가에 대한 개인의 취향은 민감한 문제일 수 있다. 커피의 향미는 매우 복잡해서 설탕을 더했을 때 그 결과물이 예측 가능하거나 혹은 맛이 좋지 않을 수 있다는 것을 고려하면 더욱 그렇다. 평가대회의 성적이 좋은 커피는 대부분 복잡한 산미가 강조되고 쓴맛은 줄어들기 때문에 설탕을 더하는 것이 불필요할 뿐만 아니라 오히려 음료의 맛을 해칠 수 있다. 와인처럼 전문적으로 제조된 스페셜티 커피는 그 자체로 완성된 음료다. 커피를 선택, 로스팅, 제조하는 과정에서 설탕이 가미되지 않은 데는 이유가 있다는 말이다. 한편 이탈리아 에스프레소의 전통을 살펴보면 그 반대의 경우라는 것을 알 수 있다. 마지막에 설탕을 넣었을 때에야 비로소 균형이 완성될 것까지 고려해서 선별, 로스팅 작업이 이루어진다.

Super taster test 슈퍼 테이스터 테스트   TASTING

→ Gustatory, 119쪽
→ Olfactory, 169쪽

맛과 향을 논하는 것은 어렵다. 개인별 선호와 의견의 차이를 극복해야 할 뿐만 아니라 언어의 함정도 피해야 하기 때문이다. 우리는 같은 단어를 꼭 똑같은 의미로 해석하지 않을 수도 있고, 어떤 단어를 똑같은 맛 경험과 연관 지어 생각하지 않을 수도 있다. '부드럽다' 혹은 '와인 같다'는 표현을 쓸 때, 우리는 정말 같은 뜻으로 이 단어들을 사용하는 걸까? 이것만으로도 머리가 아픈데, 소위 미각 인식 구조라는 것에 커다란 개인차가 있으며 같은 음식을 먹고도 사람마다 무척 다른 경험을 할 수 있다는 사실까지 고려해야 한다. 이 지점에서 슈퍼 테이스터 테스트가 도움을 줄 수 있다. 슈퍼 테이스터 테스트라는 단어는 어쩌면 조금 헷갈리는 명칭이다. 기본적으로는 흰 종이 한 장을 혀에 올려놓고 입을 다문 후 몇 초간 기다리는 식으로 진행되는 테스트이다. 사람마다 아무 맛도 느끼지 못할 수도 있고, 종이 맛만 느껴질 수도 있고, 역겹다는 표정을 짓거나 입을 헹궈내거나 이후 몇 시간 동안 그 감각을 잊으려고 노력하는 식으로 격한 반응을 보일 수도 있다. 이처럼 반응이 제각각인 이유는 종이에 묻은 프로필티오우라실propylthiouracil이라는 시약에 대한 민감성의 차이 때문이다. 이 시약에 민감한 정도는 혀의 미뢰 수에 비례하는데, 사람에 따라 엄청나게 예민할 수도 있고 거의 반응이 없을 수도 있다. 이는 쓴맛에 대한 반응도와도 직결된다. 기억해야 할 점은 이 슈퍼 테이스터 테스트가 우리의 맛보기 능력의 큰 부분을 차지하는 후각과는 무관하다는 점이다. 물론 후각에도 큰 개인차가 있다. 그렇다면 맛을 느끼는 능력에 유전적인 요인이 있을까? 글쎄, 유전적인 차이야 있겠지만 기본적으로는 틀린 질문이다. 맛을 보는 능력, 즉 커피부터 치즈까지 다양한 음식물의 특성을 분석하는 능력은 경험에 의해 길러지는 기술이다. 커피의 미묘한 차이를 포착하기 위해서는 다양한 커피를 많이 마셔보고 평가해보면서 나만의 '맛 도서관'을 구축해야 한다. 또한 설탕 등의 자극에 대한 민감함은 훈련에 의해, 또 시간이 지남에 따라 변할 수 있다는 연구 결과가 있다. 그래서 이렇게 말하는 것이다. 미뢰는 지뢰밭이라고.

→ Cup of Excellence, 70쪽
→ Fair trade, 95쪽
→ Leaf rust, 146쪽

Sustainability 지속가능성 GROWING; TRADING

지속가능성은 그 적용 범위가 넓은 용어로서, 씨앗부터 커피 잔까지 이어지는 커피의 여정에서 지속가능성을 고려할 수 있는 측면도 다양하다. 궁극적으로는 경제적 지속가능성과 환경적 지속가능성을 모두 추구해야 한다. 예를 들어, 어떤 작물을 환경 파괴가 덜한 방식으로 재배했지만 이로 인해 농부가 생계를 유지할 수 없게 된다면 이 방식은 지속가능하다고 할 수 없으며, 반대의 경우도 마찬가지다. 경제적 관점에서 보았을 때 스페셜티 운동이나 컵오브엑설런스 프로그램 등은 커피 품질을 높이려 노력하는 농부들에게 금전적 보상과 동기를 제공하는 데 매진해왔다. 공정무역 인증제는 일반 커머셜 등급 커피 생산을 조금 더 지속가능한 것으로 만드는 데 집중했다. 많은 커피 생산국에서 경제적으로 지속가능한 커피 재배 환경을 구축하는 데 실패하면서 농부들이 커피 작물을 포기하고 다른 작물을 재배하기 시작했으며 이러한 현상이 계속될 것이라는 사실은 심각한 문제다. 농학적 측면에서도 또 다른 문제들이 있다. 커피 녹병은 작물에 큰 피해를 입혀 커피 경작에서 이윤을 추구하기 어렵게 만든다. 기후 변화는 작물 재배 환경을 바꿔 놓고 새로운 병해를 낳음으로써 이와 유사한 문제를 일으킨다. 인건비 상승 또한 개발도상국에서 커피 생산을 어렵게 만든다. 이 경우 기술적 발전이 돌파구가 될 수 있다. 이런 복잡한 문제들은 서로 다른 기구와 생산 구조 탓에 개별 국가가 특수하게 맞닥뜨리는 문제일 때도 있지만, 대개는 많은 생산국이 공유하는 문제다. 어찌되었든 지속가능성 문제는 우리의 꾸준한 관심을 요구한다.

Syphon 사이펀

233쪽 Vacuum pot 참고.

→ Espresso, 85쪽
→ Evenness, 90쪽
→ Extraction, 92쪽
→ Nutate, 167쪽

Tamping 탬핑   ESPRESSO

탬핑은 탬퍼 즉 손잡이가 달린 납작한 금속 원반 도구를 이용해 바스켓에 담긴 커피 분말을 압축하는 행위이다. 이 기술은 에스프레소 제조 과정의 일부다. 탬핑은 정확히 어떤 효과를 갖는가? 일단 에스프레소 추출에서 중요한 것은 압력을 가한 물이 커피를 균일하게 통과하면서 분쇄 커피 전체에서 맛을 뽑아내도록 하는 것이다. 머신에서 흘러나오는 물을 잘 보면 여러 개의 물줄기가 동시에 흘러나오는 샤워기와 비슷한 모습을 하고 있다. 그러나 커피와 닿았을 때도 여러 개의 물줄기를 이루면서 투과해서는 안 된다. 커피를 탬핑함으로써 커피베드 표면에 저항력을 만들고, 먼저 커피 위에 물이 납작하게 고였다가 이윽고 더 이상 차오를 곳이 없어지면 한꺼번에 커피를 통과하여 빠져나오도록 한다. 흔히 하는 오해는 탬핑이 추출도를 극적으로 변화시킬 수 있다는 것이다. 물론 탬핑은 커피를 압축함으로써 더 균일한 추출을 유도하기는 한다. 그러나 예컨대 분쇄 커피의 입자가 매우 굵다면 아무리 탬핑을 강하게 해도 향미를 충분히 끌어낼 수는 없을 것이다.

→ Freezing, 104쪽
→ *Terroir*, 220쪽

Temperature 온도   HOT AND COLD

커피체리에서 커피잔으로 이어지는 커피의 여정에서 여러 구간에 걸쳐 온도가 커피에 미치는 영향을 눈으로 보고 입으로 느낄 수 있는 기회가 있다. 농장 혹은 테루아의 차원에서 기온의 변화는 커피 작물의 재배 환경을 바꿀 수 있으며, 가공 단계에서 건조 시 핵심적인 역할을 한다. 온도는 커피의 저장 방식과 수명에 영향을 주기도 한다. 로스팅은 말할 것도 없이 여러 방식과 다양한 온도로 커피에 열을 가하는 것이 핵심이다. 우리는 대체로 커피를 제조하는 과정에서 온도의 중요성을 체감한다. 예를 들어, 물의 온도는 커피 맛에 영향을 준다. 커피를 '태울' 수 있으므로 끓는 물로 커피를 내려서는 안 된다는 말을 들어본 적 있는가? 오해의 소지가 있는 표현이지만 기본적으로는 맞는 말이다. 추출은 커피를 조리하는 과정이 아니라 커피를 녹여내는 과정이다. 따라서 물의 온도는 커피에 든 어느 화합물이, 즉 어떤 맛 물질이 물에 용해되는지를 좌우한다. 커피를 태운다는 말은 굳이 말하자면 추출 단계가 아닌 로스팅 과정에서 생길 수 있는 문제다.

Terroir 테루아   GROWING

→ Agronomy, 21쪽
→ Altitude, 24쪽
→ Climate change, 62쪽
→ Soil, 207쪽
→ Variety, 234쪽

프랑스어 테루아는 와인 세계에서 가장 많이 사용되는 표현으로, '대지'를 뜻하는 프랑스어 'terre'에서 유래했다. 테루아란 작물의 생장 조건을 구성하는 수많은 환경적 요인을 가리킨다. 여기에, 인간이 미치는 영향을 비롯해, 작물이 재배 과정에서 영향 받을 수 있는 다양한 요소를 통틀어 말하기도 한다. 테루아는 본질적으로 어떤 작물을 기르는 밭의 이야기라고 할 수 있다. 개인적으로는, 커피에 적용했을 때도 매우 유용한 단어이며, 하나의 용어에서 많은 의미를 이끌어낼 수 있는 사례라고 생각한다. 산지의 많은 요소들은 복합적으로 작용하며 로스팅에서부터 추출에 이르기까지 커피 맛에 결정적인 영향을 미친다. 즉 테루아에는 커피의 품종, 토양, 기후, 수확, 가공 방식 등이 모두 포함된다. 각 요소마다 그들만의 복잡한 이야깃거리를

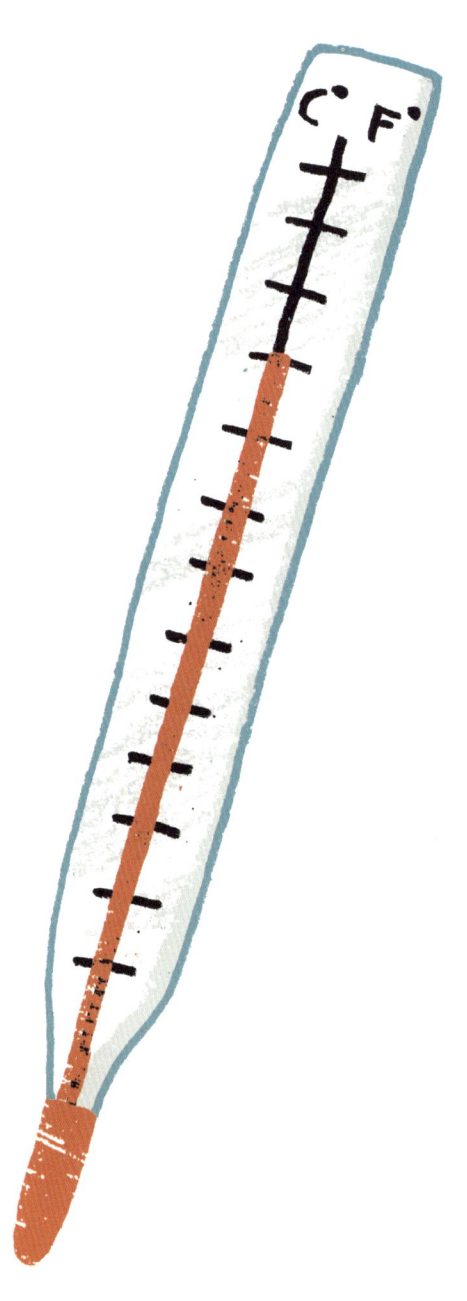

가지고 있지만, 그 무엇도 독립적으로 작용하지 않는다.

→ Green, 115쪽

Thermodynamics 열역학
SCIENCE

화학자와 함께 커피 관련 프로젝트를 진행한 경험에 비추어 이 항목을 추가하기로 한다. 커피 제조 과정에서 일어나는 무수히 많은 작용들이 열역학 원리 때문에 생긴다고 해도 과언이 아니다. 열역학이 적용되는 일례로는 물리적인 온도 변화가 소위 상변화(phase change, 열을 가함에 따라 물질이 고체, 액체, 기체로 변화하는 것)를 낳는 것을 들 수 있다. 그러나 넓게 보면 열역학은 에너지 이동에 관한 과학이론으로서 온 우주에서 이루어지는 물리적 작용을 모두 포괄한다. 사람들은 물체를 가열하거나 냉각하는 방식으로 상변화를 일으킨다. 커피 역시 관련 사례들이 많다. 생두를 냉동 보관하는 것은 커피의 유통기한을 늘리기 위해 열역학을 사용하는 예다. 로스팅은 열역학이 복잡한 방식으로 적용된다. 화합물이 분해되고 다양한 맛 물질이 부산물로 생산된다. 물론 추출 단계에서도 열역학이 적용된다. 열을 이용해 추출에 변화를 주지 않는가. 열역학, 상당히 멋진 개념이다.

Third place 제3의 장소 / 서드플레이스
COFFEE CULTURE

'제1의 장소'는 가정, '제2의 장소'는 직장이다. 많은 작가들이 '제3의 장소'를 다루었는데, 그중에서도 미국의 도시사회학자 레이 올덴버그가 1989년에 쓴 책 《멋지고 좋은 장소》(The Great Good Place)의 영향력이 컸다. 올덴버그는 제3의 장소가 시민사회, 민주주의, 소속감 형성에 중요한 역할을 한다고 주장한다. 사회적 역할이나 위치가 중요하지 않은 평등한 장소로서, 이곳에서 이루어지는 주된 활동은 대화이며, 단골뿐 아니라 새로운 방문자도 쉽게 찾아올 수 있어야 한다. 커피숍은 이상적인 제3의 장소로 기능할 수 있다(또 다른 사례로는 체육관, 공원, 술집 등이 있다). '커피숍'을 거대한 단일개념으로 취급하기 쉽다. 그러나 커피와 관련한 장소들은 매우 다양하며 서로 다르게 해석될 수 있다. 내가 보기에는 많은 커피숍들이 자연스럽게 제3의 장소로서 기능하며, 때로는 제2의 장소 즉 직장의 기능을 겸하는 곳도 적지 않다. 몇몇 커피숍은 경험을 제공하는 것에 치중해 상품이나 미식 위주의 특성을 보인다.

→ Espresso, 85쪽
→ Independent coffee shops, 130쪽
→ Origin, 172쪽

Third wave 제3의 물결 / 서드웨이브 COFFEE CULTURE

'서드웨이브' 개념에 대해서는 의견이 분분하다. 복잡한 현상을 단순한 용어로 포괄하려는 시도는 대개 실패하기 마련이다. 서드웨이브라는 말은 업계 전문가 트리시 로스겝이 처음 사용한 이래 많은 관심을 끌었다. 미국 중심적인 용어이긴 하지만 그 기저에 깔린 핵심적인 발상들, 이를테면 커피에 대한 접근 방식의 변화 등은 전 세계의 커피 문화에 두루 적용될 수 있다. 이 개념에 따르면 '퍼스트웨이브'는 거대한 시장에서 인스턴트 커피를 유통하는 커피의 상업화였다. '세컨드웨이브'는 오늘날 거리를 점령하고 있는 스타벅스 같은 대형 프랜차이즈 커피숍의 등장이었다. 세컨드웨이브 현상은 1960년대 미국에서 발생했고, 이를 지탱하는 동력은 이탈리아의 에스프레소를 베이스로 하는 음료 문화였다. 끝으로 '서드웨이브'는 커피 문화의 고급화와 미식화, 그리고 이에 뒤따르는 부산물을 일컫는다. 예컨대 미묘한 맛의 차이, 출처, 공정에 집중하는 경향이다. 후속 '포스웨이브'가 등장할지, 만약 등장한다면 어떤 형태로 나타날지에 대한 논의를 자주 접한다. 개인적으로는, 미래에 스페셜티 커피 업계에 등장할 운동은 대체로 서드웨이브의 규격 내에서 이루어지는 세부적 트렌드에 가깝지 않을까 생각한다. 한편, 이 용어가 가진 문제점은 서드웨이브를 말뜻 그대로 해석해 마치

이 단어가 오늘날 독립커피숍 문화를 전반적으로 대변하는 것처럼 사용된다는 데 있다. '신선한' 혹은 '장인의'라는 말에 주목하면서도 커피의 미식 문화를 탐구하지는 않는 독립커피숍이 많은데도 말이다.

→ Clean, 62쪽

Turkish coffee 터키식 커피

BREWING; COFFEE CULTURE

이브릭 커피ibrik coffee라고도 부르는 터키식 커피는 터키에서 유래한 특정 커피 제조 스타일을 가리킨다. 이 방식은 다른 어떤 제조 방식보다도 미세하게 분쇄한 원두를 이용하는데, 빻아서 분말 형태로 만든다. 레시피마다 디테일은 약간씩 다르지만 근본적으로는 체즈베(cezve, 터키 서부에서는 이브릭이라고 부르는 커피포트)에 물과 커피를 넣고 오래 끓이는 것이다. 설탕을 더할 때도 있지만 그렇지 않은 경우도 많다. 지역적 습관에 따라 커피가 여러 번 끓어넘치도록 할 때도 있다. 이후 높은 위치에서 커피를 따라내어 표면에는 거품이 일고 미세분은 커피잔 바닥에 침전되도록 한다. 터키식 커피는 필터를 사용하지 않는 보기 드문 커피 제조법 중 하나이다. 스페셜티 커피 업계에서는 자주 사용하지 않지만 굳이 못할 것도 없다. 올바른 이해와 온도 관리가 전제된다면 대단히 훌륭한 커피를 추출할 수 있고, 바디가 묵직하고 복합적인 향미 프로파일을 연출할 수 있다.

Typica 티피카

VARIETY

오늘날 커피 품종의 조상격이라고 할 수 있는 티피카는 커피 생산이 활성화되기 시작한 17세기에 네덜란드인들에 의해 전 세계로 퍼진 품종이다. 현재 재배되는 변이종이나 유전적으로 선별된 품종은 티피카에서 갈라져 나온 것이다. 개량된 품종들은 티피카보다 수확량이 많다. 지금까지도 티피카 품종은 전 세계에서 재배되며 고품질 커피를 만들어낸다. 티피카 원두는 둥글고 깔끔하며 달콤한 커피를 만든다.

→ Gustatory, 119쪽
→ Olfactory, 169쪽

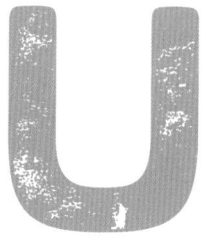

Umami 감칠맛
TASTING

감칠맛은 단맛, 신맛, 짠맛, 쓴맛과 함께 인간이 느끼는 5대 기본맛 중 하나다. 이런 맛들은 후각의 영역보다는 미각, 즉 입이 느끼는 맛에 해당된다. 이 '우마미'라는 단어는 일본어에서 유래했는데 직역하자면 '맛좋음'에 가깝고, 화학자 이케다 키쿠나에가 제안하였다. 감칠맛을 따로 관장하는 미뢰의 존재는 과학자들로 하여금 감칠맛이 다른 맛과 차별되는 독립적인 맛 종류라는 결론을 내리도록 했다. 감칠맛은 긴 여운을 남기는 짭조름한 풍미라고 정의할 수 있겠다. 다만 다른 맛과 섞이지 않고 독립적일 때나 소금간으로 균형을 맞추지 않은 고농축 감칠맛은 불쾌한 느낌을 준다. 감칠맛은 스프와 같은 저염식품의 맛을 향상시키는 것으로 드러났으며, 많은 식품 제조업자들은 글루탐산(감칠맛을 내는 화학물질)을 사용하여 감칠맛을 더하는 식으로 제품을 개선해왔다. 감칠맛은 우리가 좋은 커피를 마실 때 기대하는 맛과는 거리가 있다. 감칠맛이 너무 강하면 고기 육수 같은 인상을 주지만, 약간 더해지면 커피의 복합성과 풍부함에 일조할 수 있다.

→ Boston Tea Party, 38쪽
→ Third place, 223쪽
→ Third wave, 224쪽

United States of America 미국

COFFEE CULTURE

미국은 세계에서 커피 소비량이 가장 많은 국가다(1인당 소비량은 핀란드가 가장 많다). 미국에서 제공되는 커피 경험은 그 스펙트럼이 매우 넓다. 빠르고 쉽고 싸게 마실 수 있고, 리필 가능한 식당 커피부터 스페셜티 커피에 이르기까지 몹시 다양하다. 따라서 사전의 한 항목으로 짧게 미국의 커피문화를 정리하기란 퍽 어렵다. 어쩌면 미국 전역을 아우르며 서로 연결되어 있는 독립커피숍 문화를 다루는 것이 최선일지도 모르겠다. 스타벅스의 고향 시애틀은 현재 전 세계에서 그 영향력을 발휘하는 커피숍 모델의 발원지이다. 서드웨이브와 서드플레이스 개념도 여기에서 태어났다. 두말할 것 없이, 보스턴 차 사건의 역사적 순간부터 지금까지 커피는 줄곧 미국 문화의 핵심 요소라고 할 수 있다.

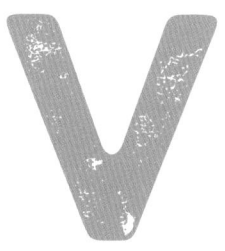

→ Chemex™, 61쪽
→ Full immersion, 109쪽
→ Vacuum pot, 233쪽

V60
BREWING

일본의 하리오사에서 판매하는 추출 도구들은 확실히 성공적인 작품이다. 사이펀 진공포트처럼 V60 푸어오버 기구는 해당 제조 방식을 대표하는 도구가 되었다. V60나 그와 유사한 구조의 도구는 기본적으로 바닥에 구멍이 뚫린 원뿔형 깔때기 형태를 띤다. 안에 페이퍼 필터를 깔고 커피잔이나 기타 용기 위에 올려두면 된다. 필터에 분쇄 원두를 넣고 물을 그 위로 부어 물이 커피 가루와 필터를 통과해 아래쪽으로 흘러나오게 한다. 꽤나 단순한 방식으로, 거의 대부분 수작업으로 이루어진다. 이때 물을 붓는 테크닉이 무척 중요하다. V60에는 나선형의 리브가 있는데, 이 역시도 매우 독특하지만, 무엇보다 V60을 특별하게 만드는 것은 여타 페이퍼 필터보다 맛이 뛰어난 V60 전용 페이퍼 필터이다.

→ Extraction, 92쪽
→ Pressure, 185쪽

Vacuum pot 진공 포트
BREWING

줄여서 'Vac Pot'라고도 부르는 진공 커피포트는 사이펀이라는 상품명으로 우리에게 더 익숙하다. 사이펀은 일본 하리오사에서 디자인한 진공 포트의 일종이지만, 마치 영국이나 아일랜드에서 청소기 회사 이름인 후버가 청소기라는 단어를 대체했듯이, 사이펀이라는 말도 진공 포트를 대표하는 단어가 되었다.

한편, 이 진공 포트를 활용하는 방식보다 더 극적인 여과식 커피 제조법은 없을 거다. 사람들은 흔히 진공 포트 방식을 학창시절의 과학 실험이나 유명 TV드라마 브레이킹 배드의 한 장면과 비교하고는 한다. 겉모양을 설명하자면, 진공 포트는 유리로 된 구체 위에 다른 유리 구체를 쌓아 올린 형태를 띠고, 그 아래에는 열원을 둔다. 아래쪽 구에는 물을 담고, 디자인에 따라 두 체임버 사이에는 페이퍼, 천, 혹은 유리로 된 필터가 있다. 아래쪽 공간의 물이 가열되고 압력이 상승하다가 결국 임계점을 넘으면 압력이 물을 밀어올려 위쪽 공간에 차오르게 한다. 이때 위쪽 공간에 커피를 넣고 사용자가 원하는 만큼 침출한다. 이윽고 열원을 끄면 아래쪽 공간에 진공이 형성되면서 완성된 음료는 아래로 떨어지고 커피가루는 위쪽에 모인다. 이 방식은 역온도곡선을 그리는데, 이 말인즉슨 추출 시간 동안 음료의 온도가 꾸준히 상승한다는 뜻이다. 이는 커피의 보온효과 때문이다. 이 때문에 진공 포트 커피를 너무 오래 우려내면 과추출이 일어날 수 있다는 단점이 있다. 하지만 잘만 사용한다면 훌륭한 커피를 만들고, 동시에 매혹적인 볼거리도 제공할 수 있다.

Variety 품종 GROWING

→ Bourbon, 41쪽
→ Castillo, 57쪽
→ Geisha, 111쪽
→ Origin, 172쪽
→ Pacamara, 175쪽
→ Sudan Rume, 215쪽
→ Typica, 227쪽

영어로 품종을 뜻하는 버라이어티는 다양성을 가리키기도 한다. 삶의 향신료나 다름없는 다양성은 커피 세계에서 핵심적인 요소다. 커피의 품종이라고 하면, 보통 우리가 커피 음료 제조를 목적으로 재배하는 주된 두 품종, 코페아 로부스타와 코페아 아라비카, 그리고 이들의 하위종을 가리킨다. 아라비카 하위종은 무척이나 많고, 각자 개성있는 향미를 가지고 있다. 아라비카에서 유래한 자생종과 농학적·식물학적 기술을 통해 인위적으로 만들어진 교배종 간에는 엄연한 차이가 있다. 사실상 현재 재배되는 커피 품종의 거의 대부분이 교배종이며, 하위종

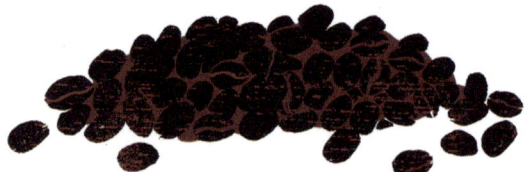

과 교배종, 품종이라는 말이 뒤섞여 사용되기도 한다. 한편, 서로 다른 환경을 가진 나라에서 재배된, 동일한 품종을 맛보는 경험은 매우 특수하고 흥미로운 일이다. 수많은 요소가 복합적으로 커피 맛에 작용한다는 것을 알려주는 좋은 사례이기 때문이다.

→ Brazil, 41쪽
→ C market, 47쪽
→ Species, 208쪽

Vietnam 베트남   ORIGIN

베트남은 대규모 커피 생산국으로, 브라질 다음가는 세계 최대의 규모를 자랑한다. 베트남에서 생산되는 커피는 거의 대다수가 로부스타 품종이다. 아라비카와 로부스타의 교배종인 카티모어종도 재배되며, 최근에는 고품질 작물을 얻기 위해 아라비카도 심는 추세다. 브라질이 그렇듯, 베트남의 생산 현황도 전 세계 커피 가격에 큰 영향을 미친다. 베트남을 방문했을 적에 나는 이곳 커피 문화의 가장 독특한 점이 커피를 제조하고 마시는 방식이라고 느꼈다. 베트남에서는 핀phin이라고 부르는 소형 금속제 싱글서브 푸어오버 기구를 사용해 커피를 만드는데, 일단 물에 담가 침출한 커피가 필터를 통해 컵으로 따라 내려오는 식이다. 커피에 연유를 타서 마시는 것이 일반적이며, 대개 얼음을 넣어 마신다. 결과적으로 우리가 마시게 되는 커피는 매우 달콤하고 깊은 맛을 가진 진한 음료다.

→ Freezing, 104쪽
→ Le Nez du Café®, 146쪽

Volatiles 휘발성 물질   TASTING

커피의 향미는 여러 가지 휘발성 또는 비휘발성 화합물로 구성된다. 아로마 화합물 중에는 휘발성 물질이 많은데, 즉 향이 날아가기 쉽다는 뜻이다. 로스팅이 끝난 커피에서는 휘발성 물질이 새어나오는데, 커피를 가루 형태로 갈았을 때 가속되어 강렬한 아로마를 이끌어낸다. 원두가 아직 뜨거울 때 분쇄하면 이 현상은 더욱 심화된다. 여기에 뜨거운 물을 더하면 휘발성 물질이 더욱 용해되어 나온다. 이러한 향 물질은 커피에 있어 신선도가 얼마나 중요한지를 산화만큼이나 잘 알려주는 요소이다. 커피 관련 연구나 패키지 디자인은 이 휘발성 물질이 날아가지 않도록 차단하는 데 주력한다.

→ Espresso, 85쪽

Volumetrics 용적 측정 　　　　　　　　BREWING

용적측정이란 커피를 만들 때 정해진 양의 물을 급수할 수 있는 기계다. 대부분의 반자동 에스프레소 머신에는 이 기능이 탑재되어 있다. 시간이 아니라 부피를 기준으로 하는 이 장치는 기계 안에 설치된, 소형 패들처럼 생긴 부품을 이용하여 부피를 잰다. 급수된 물은 이 패들을 지나가기 때문에 용적 측정을 세팅한다는 말은 이 패들의 회전수를 설정한다는 말과 같다. 이 장치 자체는 매우 정확하지만, 이것이 반드시 에스프레소 샷 추출 시간을 일관적으로 유지해주는 것은 아니다. 커피가 통과하기 전에 물의 양을 설정하는 것이므로 커피가 머금게 될 물의 양도 고려해야 한다. 분쇄 원두의 도즈 무게를 정확히 달지 않거나 원두 입자가 균일하지 않다면 용적 측정 기능을 사용하더라도 일관적으로 샷을 뽑을 수 없다. 중량측정 gravimetrics이라는 새로운 용어도 등장했는데, 드립 트레이 안에 저울을 설치하여 샷의 무게를 재는 기계를 말한다. 용적측정식이든 중량측정식이든 잘 활용하면 에스프레소 추출을 일관되게 유지하는 데 도움이 된다.

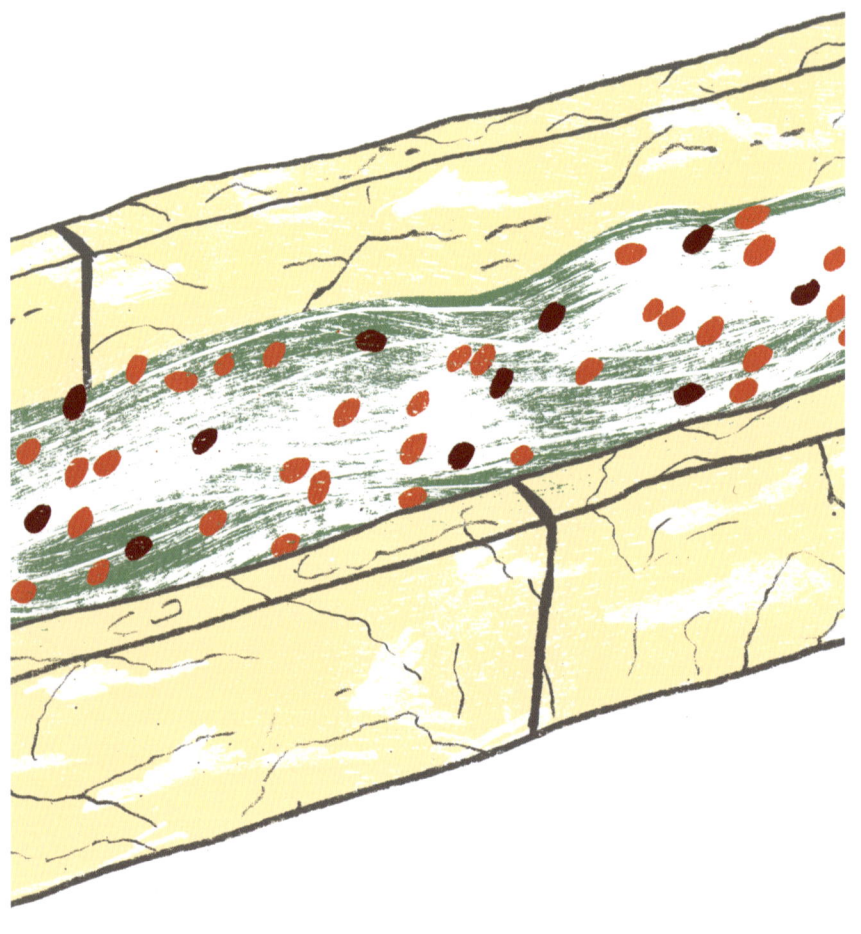

→ Defects, 73쪽
→ Fermentation, 96쪽
→ Mechanical drying, 151쪽
→ Mucilage, 157쪽
→ Natural process, 162쪽
→ Raised beds, 192쪽

Washed process

워시드 가공 (수세식 또는 습식 가공)　　　　　　HARVESTING

스페셜티 커피업계에서는 대부분이 워시드 가공법을 사용한다. 다량의 물을 소모하는 가공 방식이기 때문에 워시드, 수세식, 습식 등으로 다양하게 불리는 이 공법은 다른 공법과 마찬가지로 경우에 따라 차이가 크다. 넓게 보았을 때 워시드 가공법은 다음과 같은 절차로 진행된다. 일단 갓 수확한 커피체리를 톱니바퀴 같은 롤러 장치에 통과시켜 껍질을 벗기고 대부분의 과육을 제거한다. 이 시점에서 커피콩은 아직 점액질로 둘러싸여 있다. 이후 커피를 물이 가득 찬 통에 담가 발효시켜 남은 점액질을 제거한다. 이 과정에서 위로 떠오르는 '나쁜' 커피콩을 걷어낸다. 마지막으로 남은 커피콩을 건조시킨다. 햇볕 건조나 기계 건조 등 여러 가지 방법 중 하나를 선택하면 된다. 발효와 건조 과정을 조절할 수 있어 생산자는 내추럴 공법을 적용시켰을 때보다 품질을 더 잘 관리하고 결점두를 쉽게 골라낼 수 있다. 워시드 가공된 커피는 대체로 더 두드러지고 개성이 뚜렷한 산미를 가진다. 한편, 발효상의 변화 역시 커피에 큰 영향을 미친다. 케냐산 커피는 2차 발효를 거치는데, 이 과정에서 케냐산 커피의 생동감 넘치는 과일향과 복합적인 산미가 생긴다고 알려져 있다. 가공과정상의 아주 미세한 차이도 큰 변화를 불러일으킬 수 있어 이 분야는 여전히 흥미로운 연구주제이다.

→ Buffer, 45쪽
→ Extraction, 92쪽

Water 물

BREWING

물은 커피의 조용하고 비밀스러운 동반자이다. 물 없이 커피를 만들 수 없으며, 유감스럽게도 물 성분의 미세한 차이가 커피 맛을 크게 변화시킬 수 있다. 근래에 커피 전문가와 애호가들이 커피를 더 깊이 이해하고자 탐구하기 시작하면서 물의 중요성에 다시금 주목하기 시작했다. 이전부터 물이 중요하다는 것은 주지의 사실이었지만, 이제는 물이 정확히 어떻게 맛에 영향을 끼치는지를 탐구하기 시작한 것이다. 기억할 것은 맛있는 물이 꼭 맛있는 커피를 만들어내지 않는다는 사실이다. 시중에 나와 있는 생수에는 맛을 부드럽게 하기 위해 중탄산염이 함유되어 있는데, 커피에서 산미와 단맛을 제거하는 것 또한 중탄산염이다. 무엇보다 고려해야 하는 것은 물을 용매로서 간주하고 수용해가 어떻게 이루어지는지를 고민하는 것이다. 커피 맛에 있어 가장 중요한 분자를 세 가지만 꼽자면 칼슘, 마그네슘, 중탄산염이라고 할 수 있다. 커피를 로스팅할 때는 특정한 물 성분을 기준으로 삼는데, 당연히 그 원두를 시음하고 관리하는 데 사용되는 물이 기준이 된다. 따라서 로스팅 정도나 원두 종류에 따라 각자 어울리는 물이 따로 있다. 디테일에 집착하는 성격이라면 직접 무기질을 사다가 맞춤용 물을 '제작'할 수도 있다. 시중에 나와 있는 생수로 실험하는 것도 흔한 일인데, 머잖아 커피 용수에 역점을 둔 여과 장치도 시판될 전망이다. 물에 관해 고려해야 할 또 다른 한 가지는 바로 물이 장비에 미치는 영향이다. 경수나 중간수를 쓴다면 미네랄 성분 때문에 장비 내부에 불순물이 쉽게 축적되는데, 에스프레소 머신의 미세한 부품에 이런 스케일(scale, 즉 불순물)이 축적되면 먹통이 될 수 있다. 드물기는 하지만 또 한 가지 문제는 산성수가 금속을 부식시킬 가능성이다. 어찌되었든 물은 커피 제조 공식에서 매우 중요한 변수이며, 그 중요성에 비해 깜빡 잊기 쉬운 부분이기도 하다.

→ Espresso, 85쪽
→ Volumetrics, 238쪽

Weighing scales 저울
BREWING

오늘날 스페셜티 커피 업계에서 저울을 사용하는 것은 흔한 일이다. 몇 년 전까지만 해도 정확한 수량과 비율을 계량하는 것은 지나친 호들갑으로 여겨졌다는 사실을 떠올려보면 꽤나 재미있다. 그러나 필터 커피 제조에 있어서는 오래 전부터 계량 저울이 사용되어 왔는데, 별다른 이유가 있다기보다는 에스프레소 방식에 비해 계량 저울 사용이 덜 번거롭게 느껴졌기 때문일 것이다. 빵 굽는 과정을 떠올려보자. 재료의 정확한 비율을 계량하는 것은 제빵제과의 성공에 큰 영향을 미친다. 커피도 마찬가지다. 눈대중으로 어림하는 것만으론 충분하지 않다. 입자의 크기가 다르면 원두의 양이 같아도 부피는 달라 보일 수 있고, 커피의 블루밍 현상은 물의 양을 가늠하기 어렵게 만든다. 측정값을 읽기 쉽고 소수점 두 자리까지 계량할 수 있는 쓸만한 저울을 사용하는 것만으로도 많은 것이 달라진다. 흥미로운 것은 초기에 스페셜티 업계에서 용적 측정 기능이 '계산기 두드리기' 같다며 배척 되었다는 것이다. 이후 계량 저울을 사용하고, 도즈나 샷의 무게를 재게 되면서 설정값이 미리 입력된 버튼을 조작하는 것이 얼마나 편리한지를 점차 깨닫게 되었다.

→ Barista, 29쪽
→ Espresso, 85쪽
→ Signature drinks, 204쪽

World Barista Championship
월드바리스타챔피언십
COMPETITIONS

제1회 월드바리스타챔피언십은 2000년 몬테카를로에서 개최되었다. 그 이후로 대회는 점점 성장하여 이제는 스페셜티 커피 업계에서 빼놓을 수 없는 행사가 되었다. 내가 처음 바리스타 대회에 입문했을 때만 해도 많은 사람들이 바리스타라는 개념을 어색하고 어렵게 여겼다. 그러나 바리스타의 역할과 복잡한 커피의 세계가 널리 알려지기 시작하면서 대중의 반응은 확실히 긍정적으로 변화했다. 이 대회는 주로 에스프레소 음료에 중점을 두고 있으며, 무대 위에 오른 참가자가 심사위원들 앞에서 배경음악에 맞춰 '퍼포먼스'를 선보이는 식으로 진행된다. 월드바리스타챔피언십은 바리스타라는 직업뿐 아니라 커피 세계의 여러 측면을 소개하고 널리 알릴 수 있는 영향력 있는 자리로 변모했으며, 높은 평가를 받은 경연자들의 루틴은 커피 업계에서 화제를 일으키며 진보와 혁신, 미디어 노출을 촉진하는 동력으로 기능한다. 이 글을 쓰고 있는 지금 이 시점에 월드바리스타챔피언십의 프로그램은 어느 정도 고정되어 있다. 바리스타는 15분 동안 에스프레소 4잔, 스팀밀크 음료 4잔, 시그니처 음료 4잔을 포함해 모두 12잔의 에스프레소 음료를 만들어야 한다. 지금도 월드바리스타챔피언십은 진화를 거듭하고 있으며, 커피 세계에서 끊임없이 일어나는 변화에 발맞추어 프로그램을 조정할 여지도 있어 보인다.

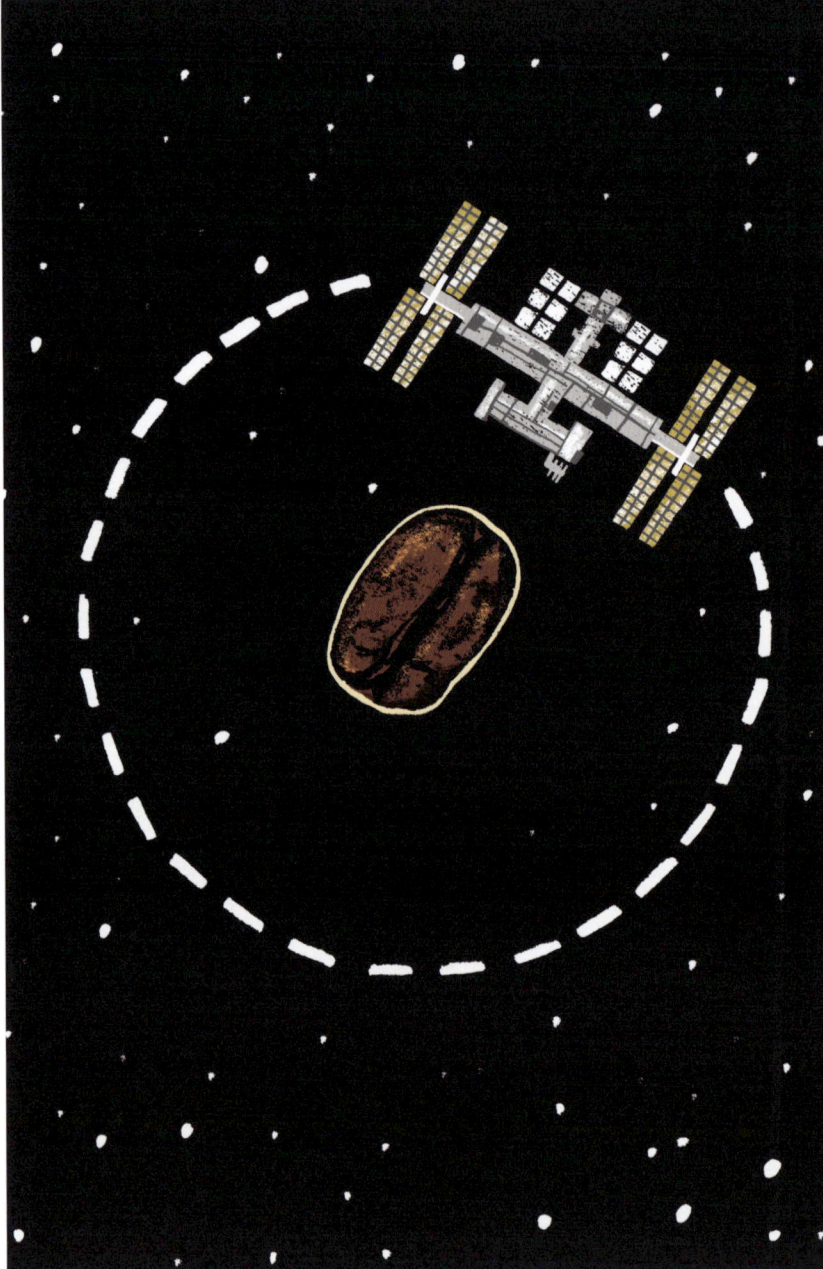

→ Aeropress, 19쪽

Coffee X 커피엑스
SPACE COFFEE

커피엑스는 국제우주정거장에서 맛좋은 커피를 만들 수 있는 맞춤형 추출 도구를 개발할 목적으로 로드아일랜드 디자인대학에서 진행 중인 디자인 프로젝트이다. 디자인은 에어로프레스를 토대로 하며, 무중력 환경에서 발생하는 공간 및 기능성 문제를 물주머니와 격리 부품 등을 이용해 해결하려 한다. 이탈리아의 유명 커피회사 라바짜 Lavazza 역시 항공우주공학과 캡슐커피 기술을 접목하여 강화소재 급수관, 빨대식 음용기 등을 장착한 우주환경용 커피 추출 시스템을 개발했다. 우주 공간에 앉아 창밖으로 지구를 내려다 보며 갓 내린 커피 한 잔을 마시는 경험은 몹시 특별할 것이다.

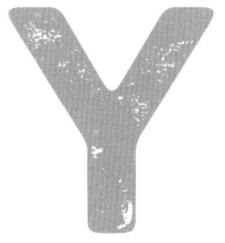

→ Ethiopia, 86쪽

Yemen 예멘   ORIGIN

근래에는 예멘산 커피를 찾는 것이 무척 어려워졌다. 그러나 커피의 발상지인 에티오피아 밖에서 처음으로 커피가 재배된 곳인 만큼, 예멘의 생산자들은 동서 무역의 요충지로서 예멘이 갖는 의미, 특히 그 유명한 모카항의 역사를 강조한다. 예멘산 커피는 이 모카라는 이름으로 대부분 판매된다. 일부 에티오피아산 커피도 모카라는 이름을 사용하는데, 이 역시 예멘산 커피와 비슷하게 내추럴 가공방식을 통해 구현된 야생적인 과일 향미가 강하다. 만성 물부족에 시달리는 예멘에서는 모든 커피가 건식으로 가공되는데, 일반적으로 건물 지붕에 늘어놓는 방법으로 건조한다. 상급 예멘산 커피는 놀랍도록 개성있는 맛을 내는데, 깊이 있는 건과일의 향과 와인을 닮은 산미가 그렇다. 그러나 출처 추적이 가능한 예멘산 커피를 입수하는 것은 정말로 어려우며, 이에 대한 수요 역시 높다. 지속적인 정치적 혼란과 건조한 기후 탓에 작물 재배에 알맞은 지역은 국토의 몇 퍼센트에 지나지 않는다는 점을 고려하면 좋은 예멘산 커피를 찾는 것이 얼마나 어려운 일인지를 이해할 수 있을 것이다.

→ Brew ratio, 42쪽

Yield 추출량   TERMINOLOGY

'Yield'란 단어는 어떤 과정을 거쳐 무언가를 일정량 생산하거나 생성한다는 뜻이다. 이 말은 커피 용어에서 헷갈릴 수 있는 많은 요소를 단순화하기에 유용하다. 예를 들어 커피의 무게를 논할 때, 우리는 분쇄 원두의 무게를 가리키는가, 아니면 커피 음료의 무게를 뜻하는가? 혹은 한술 더 떠서 커피 음료 안에 용해되어 들어가는 커피의 무게를 가리키는 것인지도 모른다. 이럴 때 결과적으로 만들어지는 커피 음료를 가리켜 추출량이라는 말을 쓴다. 일반적인 음료 제조 레시피는 두 가지 가중치를 표시한다. 도즈의 무게와 추출량이다. 추출량은 물과 물에 녹은 커피를 모두 포함하는 음료의 무게를 가리킨다.

→ Bourbon, 41쪽
→ Democratic Republic of Congo, 74쪽
→ World Barista Championship, 245쪽

Zambia 잠비아

ORIGIN

아프리카 남부에 위치한 잠비아는 말라위, 탄자니아, 콩고민주공화국 등 다른 커피생산국과 국경을 맞대고 있다. 잠비아는 높은 잠재력과 장래성을 가졌으면서도 아직 그 가능성이 충분히 실현되지 않은 몇몇 아프리카 국가에 속한다. 이 나라에서 재배되는 커피의 50%는 버번 품종으로 훌륭한 컵 프로파일을 보인다. 커피의 품질은 조금 떨어지지만 병해 내성이 높은 카티모르도 재배되고 있다. 잠비아의 커피 산업은 그 역사가 비교적 짧은 편으로, 1950년대에 들어서야 커피가 소개되었으며 대규모 농장과 준수한 기술 수준을 갖추게 되었다. 상대적으로 품질이 떨어지는 이유는 전형적인 지리적, 환경적 장벽에서 그 이유를 찾을 수 있다. 내륙국가이기에 유통이 까다롭고, 워시드 가공을 하기에 수자원이 부족하며, 무역 통상 조건은 불리하다. 그러나 잠비아의 커피 품질을 높이기 위해 분투하는 기관도 다수 있을 뿐더러 지속적으로 월드바리스타챔피언십에 참가자를 보내는 등 노력이 이루어지고 있다. 잠비아산 커피 중 훌륭한 것들은 달콤한 과일향과 플로랄 향미를 보인다.

Index

ㄱ

가찌아, 조반니 아킬레 148
감각 과학 203
감칠맛 229
거품 50, 69~70, 85, 212
건조;
    기계식 건조 151~152
    내추럴 가공법 162~165
    온도 219~220
    테이블 건조 192
    파라볼릭 178
게이샤 111~112, 175~177
결점두 73~74
경종학 21~22
공정무역 95, 181, 218
과테말라 119
교반 21
국제커피기구 136
굴절계 44, 92, 195
균일함 90~92
그라인딩 115~116;
    롤러 그라인더 199
    추출 속도 103~104
    플랫 버 99~100
그루밍 116~119
기계식 건조 151~152
기후 변화 62~65, 218
꽃 37

ㄴ

내추럴 가공 162~165
냉동 104~107, 223
네슬레 50~53
네이키드 샷 161~162
노르딕 165~167
녹병 65, 119, 146~148, 218
농도 212~215
뉴테이트 167

ㄷ

니카라과 165

ㄷ

당도 44
대한민국 208
데 폰티, 루이지 155
데이비스, 아론 208
도즈 78, 167, 238, 252
독립커피숍 130
드라이 디스틸레이트 81~82
드라이 아로마 81
드럼 로스터 78~81
디벨로프 77
디카페인 49, 73

ㄹ

라떼 50, 100
라떼 아트 145~146
라오, 스콧 192
런던로이즈 150
레버 머신 148
레스팅 195~196
로드아일랜드 디자인 대학 249
로부스타 24, 27, 49, 89, 199, 208~211, 234
로스겝, 트리시 224
로스팅;
    대한민국 208
    드럼 로스터 78~81
    디벨로프 77
    레스팅 195~196
    마이야르 반응 151
    물 242
    복사 191
    분당 온도 상승률 192
    블렌딩 33~34
    애그트론 스케일 22
    온도 219~220

1차 크랙 99
은피 204~207
롤러 그라인더 199
르네뒤카페 37, 146
르완다 200

ㅁ

마다가스카르 208
마리산데, 카밀로 53, 89
마이야르 반응 151
머신 136;
　멀티보일러 157~158
　바스켓 29~30
　빈투컵 30
　열교환기 123~124
　용적 측정 238
　포터필터 182~185
멀티보일러 157~158
멕시코 155
멜버른 152
모카 251
모카포트 155~156, 185
물 242;
　내추럴 가공 162~165
　멀티보일러 157~158
　압력 185~186
　역삼투 196
　완전 침지식 109~110
　완충 45
　용적 측정 238
　워시드 가공 241
　진공 포트 233~234
　채널링 58~61
　추출속도 103~104
　탬핑 219
미각 119~120, 169, 229
미국 230
밀도분류 77

ㅂ

바디 37~38
바리스타 29, 152, 204, 245~246
바스켓 29~30, 185;
　그루밍 116~119
　탬핑 219
발명 136
발효 53, 96, 241
버 그라인더 99~100, 199
버번 41, 175
베트남 237
보관 104~107, 170~172, 178, 220
보렘, 플라비오 162
보스턴 차 사건 38~41, 230
복사 191
볼리비아 38
분당 온도 상승률 192
브라질 41~42
V60 233
블렌딩 33~34, 172
블룸 34
비알레티, 알폰소 155
빈투컵 30
빈티지 연도 107

ㅅ

사샤 세스틱 53, 89, 119, 215
사이펀 233
사향 커피 142
산미 19, 44~45, 182, 207, 216
산지 172
산화 173
생두 115, 151;
　냉동 104~107
　보관 178
생산 186
선물시장 47

설탕 216
  당도 44
성숙 196~199
셰리던, 마이클 58
수단 루메 89, 215~216
수입 129~130
수확 109, 199
숙성 169, 170, 173, 178
슈퍼 테이스터 테스트 216~217
스웨덴 96, 167
스톡플레스 116
스트랜드, 데이비드 135
스팀 212
스펜스, 찰스 145, 203
스핀들러, 수지 70
슬로-브루 207
시그니처 음료 204
C마켓 47
신선도 195
신의 한 샷 112~115
싱글 오리진 172

ㅇ

아들러, 앨런 19
아라비카 24~27, 49, 62, 86, 89, 208~211, 234
아로마;
  꽃 37
  드라이 아로마 81
  르네뒤카페 146
  커핑 70
  휘발성 물질 237
압력 185~186
애그트론 스케일 22
앤더슨, 새라 89
어베이, 시몬 92
에스프레소 85~86;
  네이키드 샷 161~162
  농도 212~215

레버 머신 148
멀티 보일러 157~158
바스켓 29~30
신의 한 샷 112~115
압력 185~186
용적 측정 238
이탈리아 137
추출속도 103~104
카페인 49
크레마 69~70
탬핑 219
포터필터 182~185
플랫화이트 100
에어로프레스 19~21, 110, 185, 249
에콰도르 83
에티오피아 86~89
엘살바도르 83~85
역삼투 196
열교환기 123~124
열역학 223
예멘 251
온도 219~220
온두라스 124
올덴버그, 레이 223
올드 브라운 자바 169
올리버 테이블 77
완전 침지식 109~110
완충 45
왓츠, 조프 89
용적 측정 238
우유;
  라떼 아트 145~146
  스팀 212
  카푸치노 49~50
  플랫화이트 100
워시드 가공 241
원웨이 밸브 170~172
월드바리스타챔피언십 245~246
웬델보, 팀 167

유게니오이데스 89
유럽 90
은피 204~207
이브릭커피 227
이산화탄소 34, 53, 65, 70, 170, 185
이케다, 키쿠나에 229
이탈리아 137
인도 130~132
인도네시아 132~135
인산 182
인스턴트커피 135
일본 139
1차 크랙 99

ㅈ

자메이카 블루 마운틴 139
잠비아 253
장비 111
저울 245
점액질 124~126, 132, 157, 241
제3의 물결/서드웨이브 90, 95, 130, 172, 224~227, 230
제3의 장소/서드플레이스 223~224
종(species) 208~211;
   아라비카 24~27, 89, 208~211
   유게니오이데스 89
   품종(variety) 234~237 또한 참고
페이퍼 61, 233
중국 61~62
중량측정 238
지속가능성 218
진공 포트 233~234
질소 콜드브루 66

ㅊ

차(tea) 38~41
채널링 58~61
추출 속도 103~104
추출(brewing);
   교반 21
   네이키드 샷 161~162
   멀티보일러 157~158
   모카포트 155~156, 185
   V60 233
   빈투컵 30
   슬로-브루 207
   압력 185~186
   에스프레소 85~86
   에어로프레스 19~21
   열교환기 123~124
   열역학 223
   온도 219~220
   완전 침지식 109~110
   장비 111
   진공 포트 233~234
   추출(extraction) 92~93
   추출비율 42
   추출속도 103~104
   캡슐 커피 50~53
   커피엑스 249
   케멕스 61
   콜드브루 65~66
   터키식 커피 227
   프렌치프레스 107~109
추출(extraction) 92~93
추출량 251~252

ㅋ

카스카라 54~57
카스티요 57~58
카투라 58
카트리지 필터 54

카페인 49, 73, 211, 212, 215, 216
카페티에르 107~109
카푸치노 49~50, 100
칼디 141
캡슐 커피 50~53
커피숍 69, 85, 90, 130, 224~227, 230
커피엑스 249
커피재배;
　경종학 21~22
　꽃 37
　기후변화 62~65
　녹병 146~148
　수확 109, 199
　온도 219~220
　지속가능성 218
　테루아 220~223
　해발고도 24
　흙 207~208, 220
커피체리 124~126, 132, 157, 162, 181, 192, 196~199, 204, 241
커피콩;
　건조 162~165, 177~178, 192, 241
　밀도분류 77
　생두 115
　워시드 가공 241
　1차 크랙 99
　은피 204~207
　점액질 157
　퀘이커 189~190
　피베리 181
　그라인딩; 로스팅 또한 참고
커피하우스 69, 90, 150
커핑 71
컵오브엑설런스 27, 70, 165, 200, 218
케냐 141~142
케멕스 61

코스타리카 69
코피 루왁 142
콘스탄티노플 69
콜드브루 65~66
콜롬비아 66
콩고 민주공화국 74
퀘이커 189~190
큐그레이더 189, 208
크레마 30, 69~70, 85, 185
클린 62

ㅌ

타구 211~212
탬핑 219
터키식 커피 227
테루아 49, 192, 208, 220~223
테이블 건조 192
테이스팅;
　감각 과학 203
　감칠맛 229
　미각 119~120, 169, 229
　바디 37~38
　슈퍼 테이스터 테스트 216~217
　커핑 71
　클린 62
　타구 211~212
　플레이버 노트 103
　후각 169~170
　휘발성 물질 237~238
툘레프센, 오드-스타이너 92
티피카 227~228

ㅍ

파나마 175~177
파라볼릭 178
파카마라 175
파푸아뉴기니 177
패스트 크롭 178

퍼거, 맷 167
페루 181~182
포장 170~171, 173, 238
포터필터 182~185
푸어오버 109~110
품종(variety) 234~237;
　게이샤 111~112, 175~177
　버번 41, 175
　수단 루메 89, 215~216
　카스티요 57~58
　티피카 227~228
　파카마라 175
　종(species) 208~211 또한 참고
프레시 크롭 109, 179
프레제, 칼레 135
프렌치 프레스 21, 34, 107~109
플랫 버 99~100
플랫화이트 100
플런저 107~109
플레이버 노트 103
피베리 142, 181
pH값 19, 45, 207
피카 96
핀란드 96, 165~167
필터;
　V60 233
　역삼투 196
　완전 침지식 109~110
　진공 포트 233~234
　카트리지 54
　케멕스 61
　포터필터 182~185

ㅎ

하와이 123
하웰, 조지 70
해발고도 24
허니 프로세스 124~126
호주 152, 212
　멜버른 152
화합물 81~82
후각 169~170
휘발성 물질 237
흙 207~208, 220

Acknowledgements

이 책을 내기까지 많은 도움을 주신 분들에게 감사의 인사를 전하고 싶다. 먼저 내가 태어나서 만난 중 가장 멋진 사람이자, 언제나 나를 응원해주고, 뛰어난 직관력을 가진 나의 아내 레슬리에게 감사한다. 또 다양한 것을 가르쳐주고 관심있는 것들에 열중할 수 있도록 힘이 되어준 부모님과 형제 제임스와 레오에게 고맙다. 이 책을 편집하고 개념을 정립할 수 있도록 도와준 트래비스 라일리, 글을 쓰라고 재촉해준 새뮤얼 골드스미스, 협력자이자 과학적인 주제에 있어 더없이 귀중한 경험을 하게 해준 크리스토퍼 H. 헨든, 중요한 항목을 제안해준 노먼 마젤. 마이크 갬웰, 베타니 알렉산더, 사샤 셰스틱, 박상호, 히데노리 이자키, 마테오 파보니, 벤, 올리, 더그, 찰리 커밍 등, 나의 멋진 동료와 직원들이 없었다면 지금껏 실현해온 커피의 모험들을 도무지 지나오지 못했을 것이다. 다양한 삶의 궤적에서 우리 커피숍을 찾아와 여정에 함께 해준 고객들, 조 커팅튼, 나탈리 브래들리, 조나단 크리스티, 앨리슨 곤잘베스를 비롯한 옥토퍼스 출판사의 모든 분들, 그리고 삽화가 톰 제이에게 감사의 마음을 전한다. 끝으로 전 세계의 커피 업계에서 종사하는, 내게 끊임없는 에너지와 열정을 불어넣고, 선의와 근면의 중요성을 일깨워주며, 교류를 통해 다양한 가르침을 주는 모든 이들에게 감사의 인사를 드린다. '함께'라는 것이 더 없이 멋진 세상이다.

옮긴이 · 김유라
스탠퍼드대학교에서 비교문학을 전공하고 번역가로 활동 중이다. 옮긴 책으로는 《코끼리 가면》이 있다. 이 책을 읽고 먼지 쌓인 프렌치 프레스를 꺼냈다. 서울 사투리를 쓰며 아시아 최고의 고양이와 살고 있다.

감수 · 사단법인 한국커피협회
2005년 출범 이래 우리나라의 커피산업 발전에 기여해왔다. 현재 바리스타 자격시험 1,2급을 주관하고 있으며 커피지도사, 로스트마스터 등 보다 전문적이고 다양한 과정평가형 자격제도를 함께 운영 중이다. 매년 한국커피연구 학술지 발간을 통한 학술 연구개발과 한국바리스타사관학교 운영, 장학금 지원 등 미래 커피 인재 양성 및 사회공헌사업에도 앞장서고 있다.

THE COFFEE DICTIONARY
커피 딕셔너리

초판 1쇄 2018년 5월 25일
2판 1쇄 2023년 8월 25일
** 2쇄** 2024년 8월 5일

지은이 맥스웰 콜로나 - 대시우드
옮긴이 김유라   **감수** 사단법인 한국커피협회

주간 이동은
책임편집 김주현
편집 성스레
미술 강현희
마케팅 사공성 장기석 한은영
제작 박장혁 전우석

발행처 북커스
발행인 정의선
이사 전수현
출판등록 2018년 5월 16일 제406-2018-000054호
주소 서울시 종로구 평창30길 10
전화 02-394-5981~2(편집) 031-955-6980(마케팅)

이 책을 저작권법에 의해 보호를 받는 저작물이므로 무단전재 및 복제를 금지하며, 이 책의 내용 전부 또는 일부를 이용하려면 반드시 저작권자와 북커스의 서면 동의를 받아야 합니다.

ISBN 979-11-90118-57-6 (13590)

- 북커스(BOOKERS)는 (주)음악세계의 임프린트입니다.
- 값은 뒤표지에 있습니다.
- 파본이나 잘못된 책은 구입하신 서점에서 교환해 드립니다.